님께

소중한 마음과 정성을 담아 드립니다.

20　.　.　.

드림

사랑은 신이 내린 아름다운 선물

2024년 04월 30일 초판 발행

지은이 | 한진석
발행인 | 박찬우
편집인 | 우 현
펴낸곳 | 파랑새미디어

등록번호 | 제313-2006-000085호
서울특별시 마포구 서교동 357-1 서교프라자 318
전화 | 02-333-8311
팩스 | 02-333-8326
메일 | adam3838@naver.com

가격 19,800원
ISBN 979-11-5721-191-3 03810

사랑은 신이 내린 아름다운 선물

한진석

LOVE IS GOD'S BLESSING

책머리에

저는 불과 2년 전, 심장이식을 받은
축복받은 사람입니다.
아직까지 살아있으니까요.

병상에 있을 때는 산소호흡기에 생명을 의지한 채
오랜 시간을 보냈습니다.
심장비대증으로 인해 누워서 잠을 청할 수 없었지요.
늘 병상 침대의 벽에 기대 앉아서 쪽잠을 자야 했습니다.

오랜 치료 기간을 지내며 경제적으로도 피폐해졌고
이외에 많은 괴로움 속에서도
아내와 사녀들이 제 곁에서 정성껏 간호해주었습니다.

병상 속에서 괴로움, 외로움, 두려운 역경 속에서
유일한 소일거리는 시를 쓰는 일이었습니다.
저는 글을 쓰던 사람도 아니고
시인도 아니지만 고독과 아픔과 눈물이
바로 지금 이 글로 이끌었습니다.

병상에 있을 때 틈틈히 노트에 적은
작고 보잘 것 없는 글이지만

피빛 이슬처럼 맺힌 시를 통해
스스로 위로해 왔습니다.

타인의 심장이식을 기다리며
그리고 기적 같이 만난 심장이식을 통해
저는 삶이 참 보잘 것 없다는 걸 느꼈고
한편으로는
삶의 기적은 사랑의 희생이라는 것도 깨달았습니다.
생명의 문턱에서
'사랑은 신이 내린 아름다운 선물'이라는 것을 느꼈습니다.

보잘것없는 글이지만
시를 사랑하는 모든 이들에게
이 시집을 드립니다.

한 진 석
2024년 4월

LOVE IS

사랑은 신이 내린 아름다운 선물

한진석

GOD'S BLESSING

♣

사랑의 힘

하늘의 별들은 침묵의
외로움 속에 산답니다.
눈부신 별빛이 오랜만에 닫혀 있는
하얀 그리움의 눈물을 흘리네요.
졸고 있는 별들을 깨우고
짙은 고독의 마음을 서로 위로하며
고요 속에 잠든 영혼의 빛을 밝게
비춘답니다.
어둠의 빛을 잃은 천사들은 이유도 모른 채
이승에 내려와 나그네 인생이 되어
힘겨운 삶을 맞으며 고통의 소용돌이 속에
부서진 괴로움의 인생, 슬픔의 눈물만이 흘리네요.
덧없는 세월 삶의 무게가 어깨를 짓누르고
들꽃처럼 피어난 그리움의 끝자락
꽃무릇 외로움의 짝 잃은 별들은 침묵 속에
이룰 수 없는 사랑의 마음을
위로해 주는 것은 오직 바람의 흩어지는 향기뿐
아쉬움의 시간들 거센 파도가
바위를 멍들게 하듯
우리의 삶 또한 고난 속에 부딪히는
외로움의 인생이지만 작은 사랑의 힘이
희망을 꿈꾸게 한답니다.

언제나 변함없는 애정 속에
꿈을 낚는 사랑의 낚시꾼이 되어
몽환적 행복을 맛본다.

노년의 삶은 졸업, 끝이 아닌 또 다른 시작이며
그리움 속에 꽃 피우는 행복이지.

♣

사랑의 행복

세월 속에 담긴 소중한 추억에 외로움의
작은 행복을 꿈꾸며
희망이 군불 땐 한결같은 사랑으로
그리움을 버무린다.

언제나 눈이 오나 비가 오나 항상 변함없는
다정한 친구처럼 또는 달콤한 인생을
함께 살아왔네.

삶의 외로움이 아닌 기쁨과 즐거움 속에
영원한 사랑으로 항혼을 맛보며
인생은 의미 없이 존재하는 것은 없듯이
아름다운 씨앗의 열매는 마음의
외로움을 달래주는 꽃피는 행복 속에
사랑과 열매를 맺는다.

지난 살아온 인생
자유롭지 못한 고독한 마음을 추스리고
따뜻한 햇살에 소중한 사랑으로 함께할 때
외로움의 미움도 바람처럼 사라지겠지.

그대를 그리워하면 할수록
사랑의 농도는 무한대라네.

사랑의 빛

허리가 굽이치는 삶의 고통 속에서
검붉게 그을린 외로운 마음에
살갗을 찌르는 그리움의 갈고리가 되어
고독의 눈물만이 흘린다.

시덥지 않는 농담을 던진
초라한 꿈들은 땅 밑 깊은 곳에 묻고
소실된 사랑의 향기 주어 담아
주름진 그리운 마음을 다림질한다네.

푸른 창공 위에 아름다운 정원의
텃밭을 이루고 숲을 이루며
한 그루 사랑 나무 심어 외로움에 찌든 마음을
맑게 정화시킨다.

기별 없는 사랑의 기다림의 몸부림치듯
태양 빛의 화형당한 어둠 속에 영혼
장미꽃 가시에 찔려 붉은 혈이 낭자한
괴로운 밤을 지세우며 가슴에 스미어 오는
그리움의 달빛 속으로 사랑의 빛이 머문다.

♣

사랑을 꿈꾸는 순간

꽃잎 속에 숨어있는
아름다움은
언제나 드러내지 않으며
내일의 푸른 새싹을 키우고
그리움을 빚는 향기로운 봄날
절망의 그림자 너머
희망의 꽃망울을 터트린다.

그대 그리운 마음은
언제나 영영 잊히지 않는
삶은 기억 속에
목숨처럼 사랑할 수 있다는 것은
행복이요
크나큰 선물이듯

소중한 사랑의 시작은
꿈꾸는 순간부터…

♣

사랑은 미학적 예술품

노을 젖은 작은 배 위에 앉아
꿈을 낚는 낚시꾼이 되어
고독한 삶의 무게를 비우고
부레를 채우는 물옥잠의 지혜로
풀잎 이슬 맺힌 그리움의 삶을 이룬다.

기다림의 사랑은 환승의 기쁨 가운데
기적처럼 다가온 행복 속에
삶은 양념처럼 잘 버무려진
그리움의 인생으로 살아간다.

어둠의 외로움은 사랑 없이는 해독되지 않으며
사랑은 소유하는 것이 아닌
서로 함께 공유하는 것이기에
아름다운 사랑은
위대한 미학적 예술품이며
신이 내린 고귀한 선물이다.

감정 속에 욕망이 육신의 정욕으로만 채우려 할 때
순수한 사랑의 욕구는 실현될 수 없다.

하늘에 구멍 뚫린 고독한 혼이 내려와괴로움의 달을 건져내어
별을 삼킨 외로움이 사랑의 눈빛으로 마음을 움직이려 한다.

♣ 인연

달빛 속에 그려진 당신의 미소가
날 설레게 하고 함께 지내온 시간들이
행복했던 아름다운 추억들이었네요.

꿈속에서도 그대 생각에 잠 못 이룬 채
오늘도 외로움의 깊은 밤을 지새웁니다.

그대를 바라보는 애달픈 그리움의 사랑이
당신은 언젠가 알게 되겠지요.

사랑이 무엇이길래 이토록 가슴 아파하며
늘 쓸쓸함에 견딜 수가 없네요.

인생을 오롯이 외로움 속에 살아가지만
그래도 늘 그리워하는 마음은
사랑이란 소중한 삶의 순간들이 있었기에
아름다운 행복의 인연을
계속 이어지길 소망합니다.

♣

사랑 고백

그대는 나의 전부입니다.

기쁨과 즐거움도
그대 마음속에 품고 있는 사랑을
얻을 수 있다는 것이 행복이지요.

당신의 '향기' 내 마음에
담고 싶네요.

첫사랑의 그리움처럼
핑크빛 사랑에 취해보고 싶습니다.

사랑이 속삭임 속에 침묵의 미소가
아름다운 꽃으로 피어있네요.

빛을 갈망하는 소경의 기도처럼
메마른 가슴에 측량 없는 사랑을
맛보고 싶습니다.

그리워한다는 것은 기다림의 사랑을 꿈꾸는 것이며
행복하다는 것은 그대가 늘 내곁에 있어주기 때문이라고…

꽃처럼 곱게 피고
마음은 그리움으로 기쁨의 열매를 맺을 때
아름다운 행복은 덤으로 찾아오지

♣ 매화 향기

풀꽃 같은 행복한 기쁨 속에
능소화처럼 피어있는
미소 띤 그대 얼굴이
어둠을 하얗게 가르듯
꽃 속에 파고드는 꿀벌 같은
달콤한 사랑을 하고 싶다.

풀숲에 자란 잡초 또한
내 마음에 그리움으로 다가와
사랑할수록 설렘도 깊어지니
기다림도 행복이었지

당신의 좋은 말보다
침묵 속에 미소 띤 눈빛 하나가
내게 사랑의 깊이를 더해주고
추운 겨울날에 핀 매화꽃처럼
아름다운 사랑을 나누고 싶다.

피어오른 매화 향기 맡으며
화선지에 따뜻한 마음을
그려본다.

♣

함께하는 삶

번민의 마음속에 대뇌이다마는 고독의 상념
지그시 눈을 감고 그리움의 독백 속에
누구에게도 기댈 수 없는 외로움의
긴 한숨만 내쉰다.

사랑의 결실을 보지 못한
괴로움의 눈물 이별을 두려워했다는 것을 알았기에
더욱 그리운 마음이 날 미치게 한다.

벌겋게 충혈된 두 눈은 초점을 잃은 채
삶의 시간 고통뿐이던 인생
까만 밤 달빛 비치는 그대 얼굴이
따뜻한 시선으로 내 마음에 둥지를 틀었네.

사무치는 외로움을 맑게 헹궈 내는
따사로운 햇살 아래 꿈 빛 세상에
나부끼는 꽃잎 사이로 허공에 맴도는
빛바랜 그리움은 토해낸다.

포근한 달빛 한 자락 고통의 인내가
나를 더욱 강하게 만들고 꿈결 같은 설렘의
마음속에 새잎 돋아나는 행복의 뜨락에서
홀로 빛나는 별은 없듯이
영원히 함께한다는 것은
삶의 고통도 함께 나누는 것이다.

♣
소중한 사랑

소통의 부재 속에
삶의 대화가 끊기고
행복의 시간이 멈춘 절망의 그림자
소멸되어버린 그리움의 꿈의 시절
청춘의 빛이 사라진 영혼 속의
비애의 순간
눈물 빛 지우는 바람의 혼이 흐느끼며
어둠을 뒤척이는 잠결에 바람처럼
가벼운 그리움을 흔적 없이 지울 수는 없을까?

끊임없이 갈망하는 마음속에
꿈틀거리는 사랑의 욕망을
불태우며 삶의 의미를 되찾고
숭고하게 자라난 지혜로운 생각이
나를 더욱 성숙하게 만든다.

우리 인생에서
무엇과도 바꿀 수 없는 것은
소중한 사랑이란 것을…

♣ 소중한 사랑 2

눈에 넣어도 아프지 않은 사랑
눈빛이 그대가 내 마음을
읽어주는 것 같네요.

그대 미소가 장미꽃 한 다발
받는 것보다 더 행복했지요.

견디기 힘들었던 삶을
이겨낼 수 있었던 것은
그대가 내 곁에 있었기에
괴로움 속에서도 견딜 수가 있었네요.

고독한 마음 사랑으로 채워질 때는
하늘이 맺어진 인연이라
믿었습니다.

그대는 고운 얼굴과 청순하고 순수한 마음에
자석처럼 끌려가고 있듯
늘 행복을 느낄 수 있는 것은
그녀와 함께 있음이겠지요.

가슴에 묻어 두었던 사랑의 열정 속에
외로움의 영혼이 잠들기까지
그대와 함께 어둠 속에 빛을 밝히는
소중한 사랑을 나누고 싶습니다.

샘물처럼 영혼이 맑아야 좋은 것을 채울 수 있듯이
미련한 욕심이 당신을 지배하면
사랑의 마음은 생길 수가 없다

가시덤불 걷는 삶 속에 고독한 마음이 술에 취한 듯
갈之字 걸음으로 가난의 영혼이 어둠의 빛을 갈망하면
인생은 절망 늪에 헤어나지 못하리

♣

기대

외로움의 통증을 앓고 있는
어둠의 영혼들이
허공을 맴돌며
물 고인 하늘에 젖은 그리움이
폭포수처럼 쏟아져 내린다.

깊은 산속에 청아한 시냇물 소리
높은 산마루에 오색 단풍잎이
아름답게 수채화 그림과 같이
펼쳐 보이듯
계절은 손들고 오는데
시계추처럼 쉼 없이
달려온 세월 속에
삶의 여유를 찾아가는 몸짓으로
아쉬움을 달래려 한다.

슬픈 이별의 헤어짐이 있으면
언젠가 새로운 만남 속에
사랑도 찾아오듯
한 올 달빛 곱게 달군
사랑의 꿈길 속으로
장밋빛 꽃잎이 나에게 손짓하네.

♣ 황혼의 그리움

황혼의 그리움은
청춘의 희망을 갈망한다.

세월의 삶의 지혜로
기쁨의 새로운 희망 속에
그리움의 봄을 느끼며
얼마 남지 않은 소중한 시간
노년은 아이처럼
동심 속에 살아가듯
정든 세월 농익은 아름다운
황혼의 길목에서 지나온
삶의 추억을 그리워한다.

황혼의 삶은
이별을 준비하는 과정이며
인생을 늙어가는 것이 아닌
그리움을 하나씩 채워가는 것이다.

♣ 사랑의 별빛

꽃보다 아름다운 것은
사랑하는 마음입니다.

별별보다 빛나는 것은
그대 미소이네요.

달빛처럼 따뜻한 사랑을
그리워하지요.

이별의 슬픔 속에 지난 추억들을
지워야 한다는 것을 알면서도
시간이 갈수록 허무함과 무기력한
삶은 더해만 가고 내 곁에
그대 빈자리가 너무 커 보이기 때문인지
아직도 내 마음엔 그리움이 남아 있네요.

하늘에 홀로 빛나는 별은 없겠지요.

내 안에 소중한 별 하나 심어
깊이 잠들었던 별빛을 깨우려 합니다.

꽃보다 아름다운 사랑의 별을 품고 싶네요.

그대에게 별 하나 선물할 필요는
없을 것 같습니다.

별빛보다 아름다운 것은
그대 마음이니까요.

빛 그늘 헝클어진 굴곡된 별빛들이
어둠을 가르고 있을 무렵,

꽃무늬 형상 붉게 물들고
잔물결처럼 흩어진 실구름
부드럽게 물결치듯
하얀 그리움의 한 줌 눈물을 주어담아
달빛은 어둠을 밝히고
장엄한 황금빛으로 물든 침묵 속에
불꽃들이 헤아릴 수 없는 무거운 고통의 짐들을 하나씩 태우고 있었다.

어둠의 그림자 속에 젖어 든 번뇌의 마음이
차갑게 동면 되어 불시착한 그리움이
부러진 기억을 꿰맞추고
괴로움으로 뻗은 뿌리 깊은 고독이
밀물처럼 밀려온다네.

인생은 고통이며 외로움 속에 살아가는
연약한 피조물이듯
사랑은 꿈을 밝히는 그리움의 눈빛으로
열정 속에 피어난 아름다운
황홀한 행복의 꽃이다.

삶의 고통을 담담히 받아드릴수록

마음 속 행복의 기쁨도 커진다.

찬란한 별빛 파편들이 아름다운 별꽃으로 쏟아져 내리면
어둠의 먹구름 속에서도 황홀한 빛을 발하듯
그리움이 움트는 순간 사랑의 빛은 고귀한 나의 선물이지.

♣

꿈꾸는 사랑

달빛 그리움 속에 그대를 떠올리며
갈래머리 땋은 고운 모습이 너무 아름답고
첫사랑의 설렌 마음으로
그대에게 다가갈 때
사랑의 빛은
먼 곳에 있어도
환희 나를 비춰주는 당신이기에
한 줄기 마음을 이어주는 행복 속에
봄맞이 사랑의 문을 여는 맑은 햇살
미끄러지듯 걸어간다.

은하수 으스러진 빛들이
조각난 어둠을 응시한 채
빛의 포말 사이로 투명한 환상세계
신들린 듯 신비로운 그리움의 스크린 너머로
외로움의 껍질 벗기는 순간
실종되어 버린 사랑이 꿈틀거린다.

♣

희생

당신은 아름드리 꽃 한 송이
피우기 위해 작은 씨앗을 품고 있지요.

사랑의 시작은 미약하지만
마음속에 이미 큰 꿈이 자라나고 있네요.

그대 숨결이 별처럼 빛나는 사랑이
따뜻한 햇살 같은 행복을 느끼고 있으며
당신의 희생이 얼마나 많은 사람들은
죽음의 고통에서 신음하는 아픔을 겪는
이들에게 헌신의 사랑으로
새 생명을 주었지요.

당신은 이미 이생의 육신이 죽은 몸이 아닌
장기이식을 통해 새로운 영혼의 삶을 살아가듯
그대의 희생은 값없이 주신 사랑으로
생명의 빛을 안겨준 보석처럼 빛나는
아름다운 천사입니다.

♣

그리움의 영혼

우리네 인생은
삶의 의미를 찾아가는
꿈의 놀이터를 만들어 놓아 즐기듯
미지의 세계에 대한 호기심으로
사랑이 별들과 꽃들이
함께 춤을 추며
희망 속에 삶을 살아가기를 원한다.

불멸의 사랑은
꺼지지 않는 태양의 빛이요.

그리움의 눈물은
사랑이 멈추지 않는 꽃과 같은
기다림의 행복이네.

꺼져가는 별빛 없는 하늘은
어둠뿐이며
꽃들이 피지 않는 황량한 땅은
죽음의 도시지만
우리 모두가 원하는 꿈은
사랑을 소망하는 모든
그리움의 영혼들이다.

♣

천사의 얼굴

하늘이 금 갔네요.

천둥소리에 화들짝 놀란
누렁이는 처마 밑 마루에 숨죽이고
먹구름이 휘감긴 구멍 뚫린 하늘엔
하염없이 소나기가 내리며
청개구리는 기쁨 속에 풀잎 사이로
고개를 삐죽 내밀고 있네요.

첫날밤 신혼부부 마음 같은
설렘으로 고요한 밤하늘 별빛 그리움의
꿈속에서도 잊을 수 없는 미소 띤 얼굴이 떠오르고
밤이슬 꽃물이 흐르듯

사랑의 달빛에 비친 그녀는
천사처럼 빛난 아름다운 모습이
잠시 나의 눈을 멀게 합니다.

칠흑 같은 어둠을 밝히는 희망의 달빛 속에서도 그리워하네.
사랑은 겉으로 구별할 수 없지만
애정이 풍족한 것이 오히려 분별력 잃게 하지.

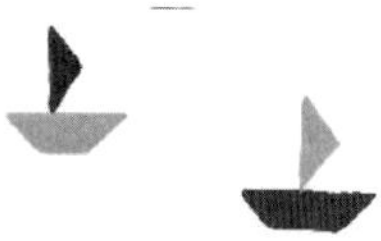

봄날 따스한 하늘처럼 나를 맑게 해주는 사람이 있습니다. 베란다 화분에 내려앉는 햇살 가득 품은 온기로 매일 내 심장에 안기는 참 좋은 사람입니다. 손끝에 잡힐 듯 말말 듯 귓가에 들릴 듯 말말 듯 애타게 다가와 눈물을 부르는 참 예쁜 사람입니다. 마음으로 품어 사랑하기로 다짐한 그날부터 내 가슴 반쪽 따로 떼어 정인으로 들여앉히고 늘 쓰다듬고 안아주며 함께 걸어온 참 아름다운 사람입니다. 매일 그리워하며 머릿속 눈 속 가슴에 가득 담아 놓아도 더 큰 아쉬움으로 녹아드는 참 사랑스런 사람입니다. 그리워할수록 보면 볼수록 사랑하면 사랑할수록 더 진한 열정으로 다가와 심장 속 다 태워버리고 미쳐버리게 만드는 내 삶의 단 한사람 그 사람을 다시 한 번 내 안에 부릅니다. 너무 그리워서… 삼백예순다섯 날을 보고파 하며 그리워해도 채워지지 않는 한 구석이 있습니다. 시름시름 앓아가며 날이 저물 때까지 그대를 기다리며 어디쯤 얼마나 서 있어야 할까요… 늘 그랬지만 오늘도 그대의 사랑에 가득 취한 모습으로 행복 가득 웃음을 안겨주고 싶어서 그대를 처음 만나던 날 참 좋았던 느낌 착한 눈빛 티 없이 맑은 웃음 떠올리며 눈감아 그대를 부릅니다. 세상 그 무엇이 그리움의 시간을 보상해 줄까요… 그대 위해 흘린 눈물 강물 되어 흘러도 아직도 흘려야 할 눈물 가득 받아 얼룩진 아픔의 흔적 닦아드릴게요. 나 그대를 사랑함은 일 년이 가고 바람 불어와 눈물이 말라 체온을 떨어뜨려도 꺼지지 않는 삼백예순다섯 개의 새로운 등불로 그대를 밝혀 드릴게요. 사랑은 관심이고 배려이며 어떤 때는 집착이고 어느 날은 소유가 된다. 타는 목마름으로 그리움을 품으며 옹달샘에 다가가 갈증을 달래고 위로의 말 한 마디로 세상을 다 얻은 깊은 사랑에 빠져 가슴을 떨리게 하는 자전과 공전을 반복하며 슬프고 아픈 영혼이 또 다른 같은 영혼을 만나 별똥별이라도 만들어 끝없는 여행을 약속한다. 담아놓는 사랑만으로도 기쁨을 달랠 길 없는 행복에 겨운 날들이고 그저 바라만 보아도 마음 가장 깊은 곳에 앉아 시들어 식어가는 핏줄을 뜨겁게 새롭게 회복시켜 주는 바이러스가 되어 생기를 돌게 하며 살만하다고 눈뜨게 해주는 마냥 기분 좋은 노래가된다. 그래서 사랑은 미쳐버리는 거란다. 엄마가 곁에 있는 아이는 엄마를 찾지 않습니다. 찾지 않아도 엄마는 늘 곁에서 웃어줍니다. 어쩌다 엄마가 안보이면 아이는 웁니다. 엄마는 급히 달려와 꼬옥 안아줍니다. 아이는 다시 행복해집니다. 나는 더 이상 사랑을 찾지 않습니다. 당신이 내 안에 있기 때문입니다. 당신은 나에게 기쁨을 줍니다. 때로 내가 우는 건 당신이 내 마음 아주 깊이 알아주기 때문에 감격해서 그럽니다. 환하게 웃어주고 한마디 따뜻한 말 해줘도 나는 금방 행복해지고 활짝 웃습니다. 나는 오늘도 당신 품에 안기고 싶은 아이입니다. 그리움에 물들면 사랑이 되고 기다림에 물들면 아픔이 된다지만 이미 오래전 그리움과 기다림에 흠뻑 젖어버린 삶은 당신의 모든 것 다 품을 수 있는 넓은 창고가 되었습니다. 사랑은 내일을 예감하는 신비로운 도인과 같습니다. 보이지도, 잡히지 않아도 늘 함께 있음을 느끼니까요… 당신은 이 세상에서 날 가장 행복하게만들어 주는 유일한 사람이란 걸고백할 수밖에 없습니다. 세상에서 가장 가난한 사람은 미소가 없는 사람이래요. 당신 부자 되세요. 당신이라는 선물이 내 모든 것을 따뜻하게 만들고 감동 감격은 당신에게서만 비롯된다는 것을… 세상에서 나를 가장 행복하게 만들어주는 마술사 같은 사람… 사랑의 기쁨을 알게 해준 고마운 사람… 하나 된다는 것이 눈물겨운 고통이 있지만 지금처럼 영원히 당신을 사랑할게요. 나도 부자 될래요. 그대이기에 진심으로 좋아한다는 말도 해주고 싶고… 그대여서 전심으로 사랑한다는 말도 해주고 싶고 그대라서 끝없는 행복이라고 말해주고 싶어요. 그대 없으면 좋을 것도 없고 그대 아니라면 사랑도 없고 그대 아니면 행복도 없어요. 그대를 좋아하고 그대를 사랑하고 그대 때문에 행복해서 눈물이나요. 다시 한 번… 사랑해요 그리고 고마워요. 내 안에 있어줘서… 대 때문이라는 걸 그대만 생각하면 내 맨가슴은 왜 그렇게도 쿵쾅거리는지 도대체 누가 대문을 두드리는 걸까? 그대 앞에서 화장기 없는 얼굴 깊은 눈빛으로 바라보면 온몸 달아오르고 그대에

낙조를 즐기는 하얀 물새 한 마리. 호젓이 외로움의 날개를 접는 시간.
강물에 손을 담글 때 부드러운 아름다운 빛이 붉게 물들 듯
사랑도 장밋빛으로 내 마음에 깊이 물들었으면 좋으련만…

♣

기다림

별빛 넘어 사랑이 움트고
달빛 그리움 속에
붉게 번지는 달무리가
너무 아름다워 멍하니
넋을 잃고 홀로 서 있네.

사랑하고 이별하며 산다지만
그리움 속에 꽃잎에 이슬 젖듯
초대받지 않는 외로움이 밀려와
슬픔의 고독은 숨겨진 어둠의 그림자가
밤길을 서성인다.

절망의 언덕 너머 빛이 없는 터널 속으로
자석처럼 끌려 들어가는 고독의 인생
먹먹한 내 가슴에 촉수를 내밀어
빛을 찾아 외로움의 그늘을 벗어나려
몸부림치지만 행복은 그리 쉽게
찾아오는 것이 아니듯
절망의 중역(重役)을 덜어줄
기약 없는 기다림 속에
그리움의 사랑은
언제쯤 찾아오려나…

♣ 고독의 시간

쓸쓸한 외로운 바람에
마음속에 빈자리를 향기로 가득 채워
사랑의 빛이 그리운 마음을 달래려 한다.

그대는 빛과 아름다운 꽃처럼
나를 설레게 하는데
잊을 수 없는 그리움이 하루하루 쌓여만 가지만
시간이 지나가면
아픔도 언제가 아물고
괴로움도 지나가겠지.

얼굴이 장밋빛 붉어진 마음은 속일수 없듯
진실로 사랑하고 있음을 깨달았을 때쯤
지는 달빛 바라보며 말 없는 공허함 속에
외롭던 마음이 어깨를 짓누른다.

삶은 낭만이 아닌
괴로움 속에 살아갈 수밖에 없는
더욱 냉정한 현실이기에
고독한 마음의 시간조차도
아껴 살려고 노력한다.

♣ 사랑의 천국

어두운 밤을 헤매듯
떨어진 외로운 별빛 눈물은
그리움의 눈물이며
이슬에 맺힌 작은 꽃잎은
사랑의 눈물이겠지요.

시들면 사라지는 꽃향기처럼
그런 사랑을 하고 싶지 않네요.

여명의 붉은 빛이
내 마음을 감싸주는
영원한 달빛 사랑을
하고 싶습니다.

별빛 속에 비친 그대 미소가
외로움에 잠긴 내 마음을 깨우듯
그대가 남긴 그리운 마음이
사랑의 천국이라는 것을…

♣

인생

우리는 감동의 눈물 없이
태어날 수 없고
삶의 고통 없이 살아갈 수 없듯이
괴로움을 견디는 것은 인생이요
행복인 것을…

살다 보면 누구나 외로워하며
고통 속에 살다 가지만
사랑을 기다림의 행복이며
희망을 잃지 않는 삶의
노년은 황혼 속에 그리움을 찾고
청춘은 사랑을 찾는다네.

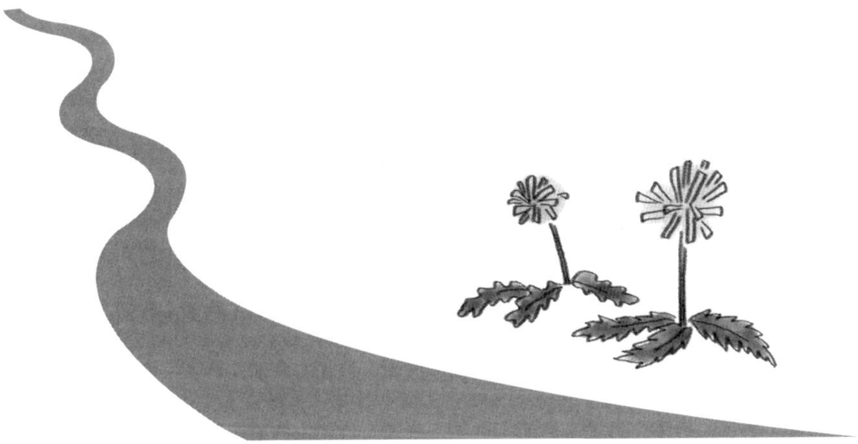

세상에서 제일 큰
아름다운 선물은
당신입니다.

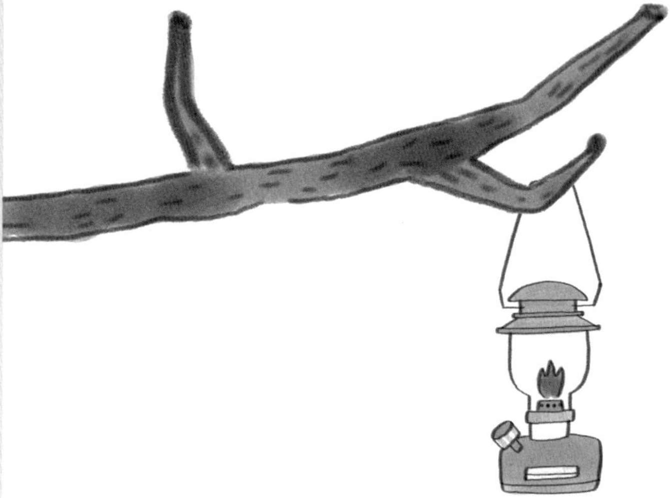

삶의 끝에 황혼이 들어서야
비로소 인생이 무엇인지 조금은 알 것 같다.

♣

사랑의 빛

하늘이 이어놓은
탯줄을 끊고
꿈을 먹고 자라나는 아이처럼
희망을 바라보는 우리의 마음도
사랑의 빛을 갈망한다.

달콤한 그리움의 향기
단술에 취한 듯
소중한 만남의 인연으로
설레는 달빛 고요한 밤물결이
내 마음을 포근히 감싸준다네.

외로움을 감춘 별빛 속에
행복한 삶을 그리는 목마른 영혼처럼
소망의 날개를 달아
창공 위로 자유로이 날아가는
새들의 즐거운 노래 소리를 들으며
더 나은 내일의 삶을 위한
꿈결 같은 사랑의 빛이 되어
별들마저 잠들게 한다.

♣

가을 햇살의 미소

가을이
추억을 노래하면
철새처럼 떠난 가슴 아픈
사랑의 이별 속에
외로운 마음도
안개처럼 사라지려나…

황금빛으로 물든 세상
미풍이 부는 바람 사이로
그리움이 살며시 오는 날,

꽃무릇의 진한 미소 속에
가을 햇살이 던져주는 너
사랑이 날 미치게 한다.

♣

꽃 피는 봄날

매서운 바람의 칼날이 어둠을 쪼개고
죽은 영혼들이 잠시 쉬어가는 자리
무덤 주위를 배회하며
양지바른 언덕 위에 걸터앉아
회한의 고독의 눈물을 삼킨다.

꽃 피는 봄날의
신부처럼 아름답고 향기로운 꽃잎 속에
달콤한 즙을 내어 메말랐던 목을 축이고
생명 끈이 풀어진 헛된 욕망에서 벗어나
진솔한 삶의 깨달음으로
한 줌 햇살에도 곰삭는 그리움들이
희망을 노래하며 어둠을 뚫고 지나가듯

한 톨 남김 없는 사랑의 마음속에
보석 같은 아름다운 모든 빛을 발산한다.

♣

이별

가을비 내리는 날
사랑하는 그녀와 헤어질 무렵
인생의 모든 것이 슬픔 속에 잠겨 있었다.

조각난 삶의 운명이
서로의 이성 간의 성격 차이로
아쉬운 이별 속에 괴로움이 내 가슴을 짓누른다.

지난 삶을 회상할 때 잠시 화를 삭히고
참았더라면 시간을 되돌리고 싶은 마음뿐
세상이 이처럼 잔인한 고통의 짐은
사랑하는 당신이 내 곁에 없기 때문이란 것을…

오실 때는 사랑으로 왔지만
떠날 때는 사랑이 뭔지
알기도 전에 헤어짐 속에 그녀를 못잊어 한다.

고독한 세월의 꽃이 시들면
바람에 흔적 없이 사라지듯
이별 없는 만남은 나의 욕심일 뿐
사랑의 상처로 얼룩진 멍든 가슴 속에
심장이 녹아내리는 용암처럼 붉은 눈물로
깊어 가는 밤하늘의 별빛을 바라보며
그리움 속에 아쉬움을 달랜다.

길이 아닌 길은 가지도 말며
하지 말아야 할 것들은 외면하고
지혜롭게 모든 일을 차분히 대처해 나가는 올바른 방향을 제시할 때
인생에서 행복한 삶의 나침반이 되어준다.

우리의 삶은 작은 울타리 인생이지만
좋은 습관이 바른 행동을 만들 듯 선한 인간이 되려거든
항상 사랑하는 마음 품고 살자.

♣

베풂

보랏빛 구름 위를
자유로이 떠다니는 천사의 날갯짓에
하늘과 맞닿은 기쁨의 환희를 맛보며
보석 같은 사랑의 빛을 좇는
반짝이는 별들이 알콩달콩
사랑을 나누네요.

봄이 오면 향기로운 꽃 주변에
벌들이 모여 달콤한
꽃물을 선사하듯
사랑을 베푸는 이는
내일의 성숙한
삶의 행복이 가득할 겁니다.

♣ 미소 짓는 얼굴

끊임없이 갈구하는 절실함 속에
가을 향기는 행복의 거름이 되어
순수한 사랑의 햇살이
나를 따스하게 품어준다.

가을엔 매화꽃의 고결한
그리움의 꽃을 심으며
스쳐 가는 바람조차
무의미한 것처럼 보여도
인연이란 하늘이 맺어준
고마운 선물이기에
한결같은 마음으로 외로움 속에
달빛이 무너져도 당신의 마음만은
변함이 없듯이
물빛에 잠긴 그리움의 사랑 또한
끊임없이 갈망한다.

어둠을 즐기는 밤하늘에
별들은 춤을 추고
달빛은 행복의 노래 부르며
별빛 속에 아름다운 당신의 얼굴은
무지갯빛 사랑으로
그대는 언제나 미소 짓는 얼굴이네.

♣

사랑의 빛 2

햇빛 머무는 달무리 언덕 위에
빵긋 웃는 햇살 가득히
그리운 추억의 씨앗을 심고
첫사랑의 생각에
굳어버린 고독한 마음도
어느새 사르르 녹아내리네.

가을이 오면
함께 나누는 향기가 되고
해 아래 부서지는 한 줄기
소망의 꿈을 위한
내 혼의 사랑의 빛으로
상처 입은 마음을
부드럽게 감싸 안는다.

♣

희망

코스모스 아름답게 피어 있는 가을 하늘
그리움이 가득한 바람의 향기에 젖어
그대 사랑이 묵은지처럼 내 마음을 녹입니다.

배고픈 영혼이 허기진 외로움 속에
노을 진 태양 아래 아름다운 모습으로
어둠을 감출 때 내 안의 고독은
소리 없이 사라지네요.

녹음이 짙어갈 무렵
수많은 장미 꽃잎이
내게로 오라고 유혹하네요.

알알이 익어가는 가을 들녘
풍요로움에 바람도 춤을 추듯
너울거리며 따뜻한 햇살을
녹일 만큼 노을빛 그리움도
사랑의 황금빛으로 붉게 물듭니다.

하늘에 매달린 구름 사이로
자유로이 나는 새들처럼
소망의 별빛 속에 삶의 행복 가득한
멋진 인생으로 희망찬 내일을 바라보며…

희미하게 떠도는 외로움의 달빛 속에
어둠은 밝은 빛을 시기한다.
내 안의 어둠은 무엇인가?

산다는 것은 행복을 꿈꾸는 그리워하는 삶이듯
희망을 찾으려 애쓰지 말며 사랑의 마음을 품고 살자.
그리하면 희망은 저절로 찾아오리라.

♣

눈물겨운 사랑

풀숲에 맺힌 이슬방울이
그리운 눈빛으로 청춘이 다 가기 전에
보람 있는 기쁨의 삶을 누리고 싶다.

들불처럼 피어난 외로움 속에
오랜 세월을 보내온 기다림의
홀로 여윈 설움을 잠재우려
태양 빛에 사랑을 불 지핀다.

호젓한 그리움을 꿈꾸는 사랑으로
맑고 고운 에메랄드 호수 위에
푸른 심해의 향기 마음속에 담아
달콤함에 취해본다.

인생은 새옹지마
생각이 많으면 번뇌의 마음은
사라지지 않듯이
검게 그을린 하늘빛 그리움의
눈물겨운 사랑 한번 해보고 싶다.

♣

이별 없는 사랑

불타는 열정 속에
사랑의 불빛은 꺼지지 않으며
당신의 감미로운 미소가
빛나는 아름다운 별이 되어
멈출 수 없는 사랑의 빛줄기
가득 채울 때
내 마음속에 행복으로 넘쳐 흐른다.

꽃피는 토담골 별매산 언덕 위에
파릇한 실록으로 물든 철쭉꽃
해거름에 접어든 고독의 세월
무거운 마음을 내려놓고
따스한 햇살에 살포시 기대어 본다.

들판에 수놓은 갈대숲에 핀
코스모스 만개한 기찻길 간이역
꽃길 따라 행복 속에
추억을 되새기며
과꽃처럼 믿음으로 이별 없는
사랑 그리워한다.

♣

사랑의 금맥

청초하게 피어난
진달래꽃 한 송이
각설탕처럼 뜨거운 물에
녹아드는 달콤한 사랑을 맛보며
작은 소망의 별빛을 품고
따뜻한 달빛 속에 포근히 잠이 든다.

애정의 눈물로 탐스럽게 피운 꽃은
눈부신 아름다운 천사의
날개옷을 갈아입듯
피보다 붉은 고독한 외로움의 눈물을 적시며
어둠 속에 건져 올린
빛나는 황홀한 그리움 마음이
닫혀 있던 자물쇠를 푸는
행복의 열쇠가 되어
아름다운 사랑의 금맥을
캐러 간다.

♣

첫사랑

내 마음의 창문을 열었습니다.

상처 입은 이별의 아픔도
지우려 합니다.

괴로움의 마음을 잊으려
잠시 여행을 떠나려 하네요.

열차에 앉아 코스모스 꽃길을 바라보며
모든 서럽던 아쉬움을 달래려 보지만
사랑이란 무엇이길래
이토록 마음 아프게 하는지 모르겠네요.

세월이 흐르면 고독의 마음도
잊히겠지요.
꽃피는 기쁨보다
꽃이 지는 외로움의 눈물이
내 마음을 적시게 하듯
첫사랑이 더욱 그리워집니다.

그대가 남기고 간 그리움의 흔적이
너무 짙어 지워지지 않는다.

괴로움의 만상(萬狀)을 떨치지 못해 외로움의 어둠을 끌어당길 때
약도 없는 사랑의 몹쓸 병에 걸려…
꽃 물드는 초록의 향기, 언제쯤 오려나…

♣

미학적인 열정

삶은 미로처럼 노을빛 그리움에 젖어
하얗게 털린 번뇌의 마음이
거미줄에 걸린 괴로움의 고통 속에
그리움의 영혼이 소리 없는 작은 슬픔으로
온몸이 굳은 화석이 되어버린 채
반복되는 외로운 삶의 공허함만 밀려온다.

악마와 같은 고통에서 벗어나
화형당한 사랑의 욕망을 다시 되살리려 하고

행복은 잠시 숨겨진 거라고 믿으며
어둠에 가려진 그리움의 햇살이
봄님처럼 펼쳤으면 싶다.

밤하늘에 빛나는 짝 잃은 별이
애절한 눈빛으로 외로운 바람을 비집고
희망의 싹을 피워 여울진 그리움의
별꽃이 자라나 소망의 일출을 바라보면
은닉된 희망도 꿈들이 아름답게 꽃피우듯
미학적 영적으로 사랑의 빛을 분출한다.

♣

사랑의 천사

믿음은 소중한 사랑을 이어주는 동아줄이며
꿈꾸는 희망은 삶의 행복을
이루는 몽환적 그리움의 햇살이지.

마음에 닫혀 있는 문을 열어
살갑게 빚어내는 온유한 빛들이
하늘거리는 그리움의 향기
추억의 골목에서 아쉬움 속에
사랑을 곱씹어 본다.

번민의 마음속에 상처를
보듬어 주는 그대는 나의 소중한 별이자
한결같은 장미꽃처럼 아름다운 마음으로
내 인생에 가장 큰 선물을 안겨준 행복 속에
보석처럼 빛나는 그대는
아름다운 사랑의 나의 천사다.

♣

무덤 속에 잠든 고독

얼룩진 마음속에
썩은 곰팡이를 제거하여
이승에서 검붉게 물든
번민의 싹이 삶을 옭아매는
괴로움 속에 굶주린 가난이
공포로 몰아가듯
해가 뜨고 진다 해도
세월의 고통의 짐은
사라지지 않는구나.

괴로움의 태풍이 지나면
소리 없는 어둠의 침묵 속에
희망의 봄을 맞는 행복으로
햇살이 발효시킨 그리움의 사랑을
되찾으려 노력한다.

태양 빛에 산화된
아름다운 빛으로 소망의 삶 속에 이끌려
내 안에 있는 고독의 영혼을 꺼내어
추운 겨울 땅속 깊은 곳
어둠의 무덤 속으로
부활하지 않도록 잠들게 한다.

♣ 인생 나침판

세속적인 탐욕으로
잘게 토막 낸 담백한 그리움이
마음속 깊이 잠겨있을 무렵

수장된 그리움을 건져내어
젖은 마음 붉은 태양 빛에 그을리고
벌거벗은 초록빛 하늘 아래
햇살에 묻혀 구멍 난 허공 속에
소리 없는 침묵으로 번뇌의 시간
외로움의 슬픔을 토해냈다.

거센 비바람의 움튼 씨앗들은
어둠 속에 피어난 시든 꽃잎이
뿌리마저 누렇게 바랜 향기마저 잃은 꽃들처럼
절망의 늪에 여린 바람에도
흔적 없이 사라져 버린 고독한 영혼 속에
살아가는 괴로움의 시간들이지만
삶은 고통을 견디며
어둠의 터널 속으로 헤매고 있을 때
꿈꾸는 희망의 작은 걸음으로
투명해진 나의 삶의 나침판이 되어준 인생,
기다림은 기쁨이요,
그리운 마음은 사랑이었다.

인생에서 당신은 최고의 파트너이자
영원한 아름다운 보석이다.

희망사항.
괴로움과 슬픔은 마음을 다스리기 위한 수련이며
고통은 인내를 기르기 위한 기쁨의 명약이다.

♣

땀의 결실

그리움의 욕망 가운데
점점 옥죄어드는 괴로움의 나날들
어둠의 빛을 가르고
작은 희망을 꿈꾸지만
소리 없이 흘러가는 무심한 세월
절망 늪에서 살아가는
고통 속에 소나무 등껍질처럼 벗겨진
빈곤에 허덕인 고달픈 가난 속에서
감옥 같은 추운 쪽방에 앉아
빵 한 조각의 주린 배를 채운다.

가녀린 풀잎 같은 인생
일그러진 삶의 눈물
어둠의 적요를 뚫고
몰아치는 거센 칼바람에
삭풍이 말라버린
가난의 허덕이는 굶주림으로
목말라 하던 소망의 한 줄기 빛이
열정과 땀의 결실로
최선을 다하는 이들에게는
행복한 삶을 얻을 것이다.

♣

옛 시절

뜨거운 햇살 아래
평상에 앉아
시원한 육수 면발에
달콤한 비빔장과 채 썬 오이와 함께
비빔냉면을 먹고 싶을 때면
여름이 다가왔다는 것을 느끼네요.

어둠 밤 오두막 주인이 잠이 들 때면
어릴 적 철없던 시절 친구들과 함께
몰래 숨어 낮은 포복으로 참외 서리하다
잡히는 바람에 혼이 난 적도 있었지요.

주말이 다가오면 온 가족이 오순도순 모여 앉아
앞마당에 돗자리 펼쳐놓고
숯불에다 솥뚜껑 위에 삼겹살을 구워
상추에 쌈장 찍어 쌈 싸 먹던
즐거움 속에 이야기 나누며
행복했던 지난 옛 시절
화려한 삶보다 소소한 작은 기쁨에서
행복을 찾듯 그리움의 추억 속에
마음이 풍요로워집니다.

♣

사랑의 뿌리

마음에 초록빛으로 물든 봄날
행복의 달빛 속에
희망을 굽고
병랑 끝에 버려진 외로움을
다시 주워 담아
눈부신 햇살의
사랑의 빛으로
포근히 감싸준다.

삶의 그리움이 없이는
사랑을 얻지 못할 것이며
고통 없이는 행복을 얻을 수 없듯이

비단처럼 펼쳐진
기쁨의 삶 속에
심오한 영혼의 애증의 꽃으로
사랑의 뿌리는
마지막 절망의 그림자 속에서도
멈추지 않는다.

소중한 당신

담백한 그리움의 꿈을 꾸며
사랑을 초월한 영적 영혼의 빛이
고독을 깨우네요.

달궈진 황혼의 외로운 시간들
젊은 청춘의 마음처럼 살아갑니다.

우리가 사는 세상은 빌려온 목숨이요.
빛진 삶의 인생이거늘
침묵 속에 그리움의 구원에 손길을
달빛에게 소원 빌 듯
곱게 접어둔 작은 꿈을 펼치고
그대와 사랑을 나누며
삶이 희망을 꿈꾸지요.

회색빛 하늘 아래 노을 진 그리운 바다.
은빛 물결 너울지고
황홀한 물길 속으로
빠져만 드네요.

달빛 한 자락 붉게 물든 꿈들은
마음 깊숙이 새겨
아름다운 그대 손을
놓지 않겠습니다.

꽃보다 어여쁜 당신의 마음은
누구보다도 더욱 소중하기에…

어려운 난관에 부딪쳐도 묵묵히 걸어가야 할 목적은
행복한 희망의 삶이 기다리기 때문이다.

삶에 지쳐 있을 때 잠시 쉬어가는 시간이 필요하듯
가슴에 타오르는 불꽃이 까만 재가 될 때까지
열정 속의 사랑을 꿈꾸어 본다.

♣

삶, 그리움

노을이 저물 무렵
인생은 가시처럼 돋아나는
번민의 마음은 한없이 부풀어 올라
외로움 바람이 뼛속까지
훑고 지나간다.

벌거벗은 가시 많은 나뭇가지 사이로
눈 덮인 험한 고행 길을 헤매며
잘디잘게 부서진 삶의 괴로움에
조각난 심장을 부여잡고
무덤 속에 갇힌 출구 없는 미로 속에
고독한 영혼 길을 하염없이 걷고 있네.

외로움의 삶의 여정
누렇게 바랜 달빛조차 희미한 불빛처럼
빛을 잃고 시들은 꽃잎은 땅에 떨어져
밤이슬에 소리 없는 침묵으로
그리움의 눈물을 흘릴 뿐
공갈빵 씹는 허무 속에
멍하니 하늘만 바라보며
보랏빛 입술을 깨문다.

♣

장미꽃 사랑

꽃바람의 마음속 깊이
스며드는 그리움은
몽실몽실 피어나는 푸른 잎새 사이로
꽃사슴 같은 청순한 새색시처럼
사랑의 새싹이 움튼다.

맑은 영혼 속에 피는 꽃은
영원히 시들지 않으며
외로움의 어둠에서 자라는 꽃은
향기 없는 죽음의 꽃으로
고개를 숙인다네.

신의 축복 속에
그리움의 별빛은 황홀했고
행복 속에 피어나는 꽃은
기쁨이었듯
장미꽃 사랑으로
미쳐보고 싶다.

그리움의 꽃

고운 햇살의
정든 외로움이
아지랑이 핀 꽃잎처럼
활력이 넘치는 봄날,
어둠의 마음을 밀어내고
맑은 영혼이 담긴
그리움의 꽃길 문을 열어
삶의 유희 속에 빚은
푸른 행복의 꿈을 꾼다.

꽃피는 계절
봄 향기 속에 몸을 담그고
꿈틀거리는 외로운 마음을 허물며
그리움의 기다림 또한 기쁨이듯

번민의 마음속에 숨겨진 사랑은
보석 같은 아름다운 빛이며
그대 미소는 그리움 속에 피어나는
꽃이라 부른다.

♣

희망 2

사는 것이 즐거우면
삶이 있어 죽음 또한 아름다운 것

숨 쉬는 기쁨으로 노래하며
걷는 행복 속에 춤을 추고
언제나 세상을 볼 수 있음에
감사함을 느낀다.

오늘보다 더 나은 내일의 삶을 위해
행복한 인생을 꿈꾸지만
기쁨과 행복을 위한 삶의 변화가
필요할 것이다.
오늘도 하루가 마지막이라는
생각으로 행복한 삶을 위한
최선의 노력하는 자만이
즐거운 인생을 맛보며
삶의 고통과 어려움 속에서도
쉽게 포기하지 않는 땀의 열정으로
어둠을 밝히는 내일이 희망의 꿈을 이루듯

인생의 실패는 성공을 위한
아름다운 재앙이다.

의미있는 인생은 꿈을 꾸는 희망 속에서
아름다운 시인의 마음으로 살아간다.

청춘의 꽃은 시들고 외로움의 상처만 남긴
세월 속 슬픔의 한 조각.
미련은 사랑의 기다림 속에 수그러들지 않듯
그리움의 썰물이 지나가면
살며시 운무처럼 행복의 길이 꽃처럼 피어나길 소원하며
독을 삼킨 고독은 땅에 묻는다.

♣

봄을 노래하며

저 멀리 언덕 넘어
그리움의 봄 햇살 가득
꽃이 피어 있네요.

수선화 꽃잎은 향긋한 냄새를 품고
주변을 서성거리며
살며시 내게 다가와 미소짓지요.
바람에 흩날리는 벚꽃들이
하얀 천사처럼 군락을 이루고
연분홍 옷을 걸친 채
발레리나 몸짓으로
아름답게 춤을 추듯
사랑의 봄을 노래합니다.

♣ 행복한 여행

꽃들은 노래하고 나비는 춤을 추는
기쁨 속에 담백한 그리움이 가득한 봄날

들꽃 향기 꽃내음에
싱그러운 가을 햇살 등에 업고
달콤한 사랑의 빛을 담아
마음속에 둥지를 튼다.

열정 속에 꽃피운 사랑
가슴을 뜨겁게 불태우며
황홀한 빛으로 토해내는 삶 속에
차오르는 불꽃이 너울너울
춤추는 꽃바람처럼
그대를 반긴다.

세월이 흘러도 변함없는 사랑이
꽃같이 곱게 피어나는 꿈결처럼
어우러지며 손꼽아 기다린
꿈을 실은 사랑 열차 행복의 요람 속에
부푼 희망을 안고 그대와 함께
신비로운 행성의 별들 속으로
여행을 떠나려 한다.

♣

예술 같은 사랑

어둠의 불빛마저 잠든 밤
삶의 고독에서 탈출하고 싶은
간절함 속에 외로움이 쌓일수록
괴로운 마음의 상처는
더욱 커져만 갑니다.

그리운 꿈이 저 먼 곳에서
사뿐히 걸어오네요.

기다림의 사랑이 다가오면
기쁜 마음으로 맞이할게요.

꽃을 보듯 아름다운 그대 품에
꼭 안기고 싶네요.

짧은 인생이지만
행복이 샘솟는 그리움 속에
예술 같은 사랑의 열정으로
붉은 태양마저 삼키려 합니다.

♣

빛

저 먼 곳에 그리움의 달빛이
나의 고독한 마음을 소환하려 하지만
달빛이 구름에 가려 사랑의 길은
어둠으로 덮여 있었다.

하늘이 품은 별과 달을 작은 액자에 담아
책상의 걸어놓고 외로움의 마음을
아름다운 빛 속에 묻히고 싶다.

밤하늘에 빛들이
불꽃놀이 하는 밤
눈물로 만든 별빛 속에
인생은 사랑을 그리워하듯
빛은 언제나 우리 마음을
포근히 감싸주지,

삶의 아름다운 곡선을 그리는
보석 같은 영롱한 빛들은
외로움이 영혼들을 위해
사랑의 빛으로
온 세상을 밝게 물들게 한다.

1초의 시간이라도 헛되게 보내지 말라
최선을 다할 때만이 삶의 희망이 보인다.

가슴에 번지는 그리움의 칼날,
가시 돋는 사랑의 미련이
꽃샘추위보다 더한 외로움이 나를 억누를 때
고독의 슬픔은 바다보다 깊구나.

♣ 영원한 사랑

삶의 얽매인 영혼 없는
그리움의 인생은
사랑의 열정이 사라진 마음속에
밤하늘에 빛이 없는 어둠뿐이다.

늙어가는 황혼의 그리운 바람에
창백하게 그을린 설움의 눈물로
영혼(마음)이 외로워할 때
삶의 익숙한 괴로움의 기억을
지우고자 애쓰려 하네.

차가운 어둠의 밤길을 홀로 서성일 때
달빛 그리움 속에
사랑스런 꽃피는
계절의 꽃잎처럼
아름답게 수놓으며
행복한 마음속 찰나의 순간
외로운 영혼의 빈 가슴을 채워주는
영원한 사랑을 꿈꾸어 본다.

♣

하얀 그리움

괴로움의 불덩어리
강물 속에 식히고
고개를 숙인 시든 꽃들은
향기 없는 어둠의 순간
따사로운 햇살에 묻힐 때
생명 줄기 여울진 숨결로
다시 부활한다.

그대 보고픈 마음
가슴속에 묻어두었던
싱그러운 그리움의 꽃잎에
살갑게 토닥이는
설렘의 마음으로
행복의 웃음꽃이
삶을 살지게 하듯
푸른 향기 피어오른 꽃잎처럼
내 마음속에
하얀 그리움으로 불 밝히는
사랑의 빛으로…

♣

꽃잎

살랑이는 봄바람에
머리 위에 흩날리며
꽃잎이 나에게 날아오네요.

봄비 내리는 그리움 속에
그대는 이슬에 맺힌
고운 꽃잎이었습니다.

어여쁜 사랑의 향기
바람에 하늘거리듯
나비처럼 흩날리며
초록빛 닮은 그대 얼굴은
꽃잎 같은 모습으로
아름답게 피었네요.

그리움의 햇살이 기지개를 켜고
따듯한 봄날에
첫사랑의 설렘으로
행복이 찾아왔지요.

꽃잎 속에 사랑이 움트네요.

♣

사랑의 연정

외로움에 짝 잃은 별 하나
어둠 속에 헤매고 있네요.

그리움의 찌든 마음
그대가 남긴 사랑의 흔적은
추억으로만 남아있지요.

계절이 지날 때마다
내 안의 외로움이 묻어나고
그리움의 세월이 가기 전에
그대가 내 앞에
걸어올 것만 같네요.

붉은 빛 연정이 달아올라
마음을 설레게 하니
아름다운 행복 속에
사랑으로 가득 채웁니다.

하루살이 같은 짧은 삶 속에
꽃다운 나이가 다 지나가도
인생은 언제나 사랑에 배고파 한다.

가장 어리석은 사람은
밝은 빛 속에서도 잠자고 있으며
지혜로운 이는 어둠 속에서도
깨어 있다네.

♣

아름다운 선물

스산한 바람이 불어오는 가을날
마지막 잎새를 바라볼 때
왠지 모르게 성큼 외로움이
밀려오는지 모르겠네요.

풀잎에 맺힌 아침이슬에
젖어있는 고독이 짙어가는 계절,
낙엽이 뒹구는 오솔길을 걸으며
붉은 잎들은 가을을 노래합니다.

아침햇살에 문을 두드리고 태양 빛 아래
산마루 언덕 너머 무지개 꽃잎이
활짝 피었네요.

함께 지내온 소중한 추억들을
오래 간직한 채
마음속에 그리움의 빈 공간을 사랑으로 채우고
설렘의 꽃향기 속에
아름다운 선물은 당신입니다.

♣ 노을빛 그리움

노을빛 그리운 마음으로
사랑의 열병을 앓고
밤새워 슬픔에 잠긴다.

먹구름에 덮인 어둠 속에서
허공을 가르는 고독은 사라지지 않고
바람에 비수처럼 꽂히는 고통 속에
깊이 잠든 괴로운 영혼이 잠에서 깨어나
달빛 아래 가라앉은 욕망을
다시 일깨우려한다.

해탈을 꿈꾸는 평화로운 마음으로
모든 번뇌의 마음을 훌훌 털어 내어
새 아침 밝아오는 날 희망을 꿈꾸듯
언제나 기다림의 사랑은 행복한 것
포근한 햇살 속에 봄 향기에 취해 춤을 추네

가을이 짙어가는 계절이 다가오면
짙푸른 바닷가에 환상의 푸른 꿈 안고
빈소라 껍질 속에 온밤을 지새우며
노을빛이 비친 강물 속에
서로 사랑을 나누는
행복한 그리움에 입맞춤한다.

♣

사랑의 문을 열고

푸른 하늘 뭉게구름 위에
하얀 꽃들이 피어나네요.

태양빛 붉은 꽃으로 물든
사랑의 꽃을 피우고
마주친 그대 눈빛이
내 마음을 설레게 하듯
그대 미소는 잔잔한 영혼의 울림 속에
따뜻한 고운 숨결로 내 마음을 녹입니다.

고독 속에 피어나는 꽃향기
영원한 그리운 고향은 사랑이며
지난 외로움의 눈물을 거두고
어둠에서 밝은 영혼의 빛으로
사랑의 문을 열어봅니다.

♣

미소

낙엽 진 가을이 찾아오면
고독이 밀려오는지 잘 모르겠지만
사랑을 할수록 그리움이
깊어지는 철 지난 세월 속에
사랑하고도 외로운 것은
내면의 숨겨진
진솔한 사랑을 보지 않고
외형의 아름다운 것만
보기 때문이란 것을
깨닫게 되었네요.

꿈같이 찾아온 사랑이
불꽃 같은 열정 속에 꽃을 피우고
눈에 보이는 아름다움보다
눈에 보이지 않는
마음의 물웅덩이를
사랑으로 채워질 때
꿈결처럼 행복이 찾아오듯
가슴으로 꽃피운
당신의 미소는
내면의 감춰진 보석입니다.

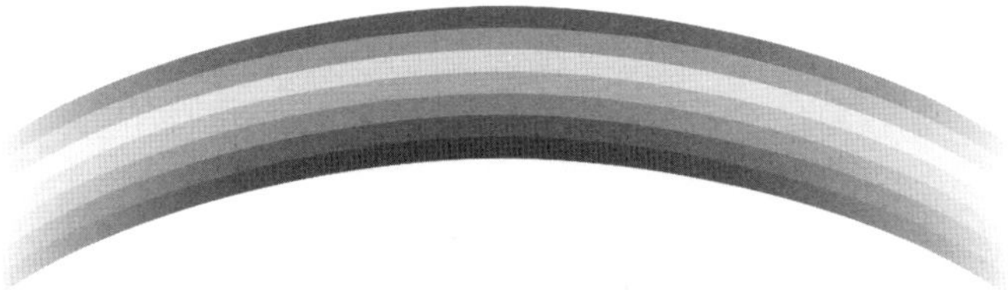

작은 나눔의 사랑이 세상을 웃게 할 것이며
아름다운 감동의 삶으로 펼쳐질 것이다.

사랑의 향기, 바람의 벗이 되며
꽃 구름 위에 외로움의 쉼터가 되듯
하얀 솜이불 덮고
잠시 잠을 청하고 나니
한결 마음 평화롭구나.

♣

봄

계절의 봄은 꽃으로 물들게 합니다.

봄은 그리움을 풀어놓은 수채화처럼
마음을 정화 시키지요.

가슴 아픈 마음을 다독이는
내 마음의 물웅덩이가 되어주기도 하네요.

아무것도 고민하지 않고
아무것도 욕심내지 않으며
내 모든 짐을 내려놓으니
괴로움의 삶이 가벼워집니다.

언제나 소중히 간직하고픔의
사랑하는 마음속에 꽃으로
물들고 싶네요.

수줍게 돋아나는 새싹들이
아름답게 꽃핀 봄날처럼
사랑의 눈을 뜨게 합니다.

♣ 게으름의 벽을 허물며

인생은 꽃과 같은 것
사랑 없이는 이룰 수 없는 세상

신께선 인간은
사랑의 씨앗을 심으라고
사명을 받게 되었지…

어둠이 가득한 고독의 인생으로
비옥한 땅에 생명의 빛줄기
사랑의 열매로 꽃 피우지 못하는
어리석은 삶을 살아간다.

게으르고 허황된 꿈만 바라보며
지내온 세월
달빛 괴로움의 어둠 속에
깊은 잠에서 깨어나지 못하네.

삶의 고통의 벽을 허무는 것은
마음먹기에 달렸듯이
벼랑의 절망 가운데 희망을 끄집어내어
삶의 열정으로 꽃피우며
다시금 내 마음속 게으름의
벽을 허물고 싶다.

♣

기다림의 사랑

마음의 문을 열어야
새싹이 돋는 희망 속에 봄을 맞지요.

초록빛 부푼 꿈을 안고 살아가면
세상을 아름답게 펼칠 수 있네요.

그리움의 꽃잎이 곱게 자라
아름다운 꽃으로 피어날 때
내 마음도 붉게 물들어 가듯
어둠 속의 한 줄기 빛이
일곱 색깔 무지개처럼
행복이 찾아오겠지요.

봄이 다 가기 전에 사랑이 붉게
물들었으면 싶네요.

삶의 고통 속에서도
꿈을 잃지 않는 작은 소망 가운데
그리움의 시작은 끊임없이 갈구하는
기다림의 사랑이란 것을…

♣

사랑의 변주곡

꽃 피는 봄날에
미치도록 사무치는 그리움의
불타는 열정과
초심을 잃지 않는 사랑으로
행복의 문을 열고
영혼의 울림이 빚어낸
소리 없는 침묵 속에
옛 추억의 외로움을 잊으려 한다.

겹잎처럼 꽃잎 속에
미련이 눈물을 감춘 채
달빛의 물든 그리움 속에
봄바람의 속삭여주는
하늘빛 사랑으로 위로해 주니
고독한 마음도 어느새 사라져 버렸지…

장미꽃 피고 지는 날에
붉은 노을이 춤을 추고
봄비 내리는 영롱한 이슬방울은
메마른 가슴에 슬픔과 괴로움들을 적시어
촉촉이 씻겨 내려가듯
가랑비는 사랑의 변주곡처럼
아름다운 선율로
묵은 때를 벗기며 몸과 마음을 치유한다네,

인생은
늘 고난의 연속이지만
당신과 함께 영원한 사랑을 꿈꿀 수만 있다면
얼마나 행복할까.
그 순간부터 찾아온 삶은
잔잔한 감동 속에 울림이라 할까.

꽃처럼 아름답고 별처럼 찬란한 빛이
그대 그리움의 별빛 속으로 들어가
사랑의 꽃을 피우듯 가슴 속에 묻어 왔던
소중한 기다림의 외로움조차도 기쁨의 선물이었지.

♣ 하얀 그리움 2

얼룩진 괴로움의 모든 기억들을
하얀 눈 속에 녹이고
차단찬 겨울바람이 불어오는 눈밭에
그리움이 소복이 쌓이네요.

심장을 도려낼 듯한 고독의 불씨는
모닥불에 태워 그립던 기다림 속
지난 첫 만남의 설렌 마음처럼
첫눈이 내리는 아침 햇살 머금고
방긋 웃는 그녀의 모습으로
어여쁜 눈사람 만들어
나의 외로움을 달래려 합니다.

겨울에 핀 동백 꽃잎이
바람에 날리어
살며시 내게 다가와
애틋한 사랑으로
내 마음을 소중히 감싸줄 때

그대가 머문 자리엔
하얀 눈처럼 아름다운 눈꽃 송이
내 마음속에 그리움으로 하얗게 물들입니다.

사랑의 열정 속에서

뿌리 깊은 고뇌 속에
자멸하는 삶의 고통에서
결박을 풀고자 몸부림치는 가운데
하늘에 닿을 듯한
괴로운 마음이 안개처럼 사라질 때

어둠 속 밤하늘의 숨겨진 그리움들을
한 줌 끄집어내어
죽음보다 더 깊은
뜨거운 열정 속에 사랑으로
밤도둑처럼 그대 마음을
훔치고 싶다.

♣

후회

찬연한 가을바람에
실려 온 그리운 그대 향기
초라한 고독의 마음을 적시어
바람처럼 흩날리며
칠곡의 세월을 건너오면서
외로움 마음속에
몰래 눈물을 감추고
아픈 상처 곱씹을수록
폐부 깊은 곳까지 찔린 그리움의
아픔을 견디지 못한 채
조각난 심장을 부여 잡는다.

푸르게 물든
사랑의 침묵 속에
삶의 무게를 내려놓으니
가슴 깊이 번지는 고운 물결처럼 한결같은 기다림의
꿈을 향한 인생을 아름답게 펼치는 것이
사랑이란 것을 황혼 끝 무렵에
깨닫게 되니 아쉬움과
뒤늦은 후회감이 밀려온다네.

♣ 함께 지내온 사랑

그대 웃음 띤 얼굴이
꽃으로 물든 향기처럼
내 마음을 설레게 하며
태양 빛보다 붉게 물든
과분한 사랑을 안겨 주었지요,

쪽빛 하늘에 사랑의 화살이
내 심장을 쪼개고
구원의 손길로 밝은 빛이
어둠에서 건져내듯
그대의 만남이 선물처럼 주어진
고귀한 사랑이었으며
소멸되어 버린 그리움 속에,
침묵의 미소는 외로움마저 집어삼키네요.

지난 삶의 고난 속에 시간들
험난한 길을 헤쳐온 것은
당신과 함께했기에 가능했지요.

마음속에 메마르지 않는 사랑의 샘물이
행복이 넘치는 축복을 누린답니다.

오늘도 눈부신 아름다운 햇살이
포근하게 내 마음을 감싸 주네요.

탐심과 음욕이 자신의 감정을 조절치 못하는 어리석은 삶은
선한 의지를 부패하게 만든다.

지난 세월에 힘겨웠던 일들이 많았지만, 즐거움과 기쁨이
넘치는 행복한 삶은 당신이 내 곁에 항상 함께하기 때문이지.

행복한 노예

저녁 노을 짙어가는 가을 하늘
산야에 가득한 꽃향기에 취해
불그스레 차오른 마음속에
항상 그리움의 보고픈 얼굴
영원한 행복의 마음으로 이어가듯
사랑의 포로된 삶의
기다림의 봄꽃님이
언제면 날 찾아오려나.

절망 속에 희망을 찾던
어둠의 영혼이 고독한 마음을 깨우고
희뿌연 안개를 걷어낼 때

수정 보석 같은 맑은 눈빛으로
앙증맞게 꽃 피어난 은밀한 곳에
황홀한 사랑의 향기에 온몸을 적신다.

그대와 함께 사랑을 다시 시작할 수 있다면
언제나 당신의 행복한 사랑의 노예가
되고 싶다.

♣ 그리움의 불꽃

들풀처럼 피어난 외로움이 사라지는 날
허무한 그리움보다 때론
황홀한 고독이 필요하네요.

열정의 불길로 나를 태울 때
기쁨 속 사랑의 애정으로
나를 빠지게 하지요,

푸르른 나뭇잎은 고운 순백의 빛으로 물들어 가고
뼛속 깊이 파고드는 은빛 조각들이
산란하는 고통 속에 부서지는 희망의
불빛이 어둠을 가립니다.

정들었던 초라한 그리움의
산화된 파면들을 한데 주워 담아
내 안에 달큼한 바구니에 가득 채워
외면했던 지난 소중한 추억들을
되새겨봅니다.

삶의 언저리 깊게 파인 연민의 정
은닉된 고뇌의 계절에 돋아나는 작은 희망 속에
빛의 향연 새하얀 불꽃으로 삶의 억눌린
괴로운 마음을 태웁니다.

♣ 황혼의 그리운 추억

고요한 적막 속에
칠흑보다 더 짙은
그리움의 마음은 빛을 잃고
어둠 속에 이미 사라진 지 오래지만

지난 세월
전쟁 같은 삶의 시간 속에서도
나를 지탱해 준 것은 사랑뿐이었는데
그마저도 시간이 나를 허락하지 않는구나!

'아' 슬프도다!
　　슬프도다!

꿈틀거리는 사랑의 열정은 사라지고
고대를 숙인 채 말이 없다
아름다운 황혼을 보내고 싶지만
마지막 남은 인생,
삶의 흔적을 남기고 떠나고 싶은 것은
오직 그리운 추억뿐이라네.

사랑의 꿈

그리움이 가득한 마음속에
강풀 위 노을빛 물결 따라
자석처럼 이끌려 가는
아름다운 영혼의 빛을 품고
포근한 달빛 외로움을 감싸주네요.

상큼한 바람의 향기
꽃잎처럼 피어나는 사랑으로 가득 채우고
밝아오는 아침 노을빛 황혼의
그리움을 담아봅니다.

가슴에 품었던 첫사랑의 미련도
구름 속에 묻어두고 부끄럽지 않은 삶의 세월
깨달음의 인생은 작은 행복을 얻지만
그릇된 욕심과 탐욕은 모든 것을
잃게 만들지요.

기다림의 사랑의 그릇은 오래 빚어야
더욱 아름답게 빛나듯
어둠 속에 희망을 만들어 가는
열정과 노력으로
사랑의 꿈을 빚을 때
행복이 찾아옵니다.

아름다운 행복을 꿈꾸는 인생은
영혼을 울리는 사랑의 힘이다.

별빛 속에 외로운 마음을 채우고
달빛 그늘 속으로
그리움을 가둬놓을 때
도자기를 빚듯이 사랑은 아름다운
예술이라네.

♣

첫사랑 2

허공을 가르는 하얀 숨결
붉은 빛으로 장식하고
적막한 어둠의 빛이
음지에서 힘없이 악마의 웃음으로
토해냅니다.

지나온 그리움의 발자국
사랑의 꿈을 꾸며 걸어온 길
그대 아름다운 마음속에
따스한 햇살이 어머님의 품처럼
나에게 전해오네요.

첫사랑의 만남은
쉽게 깨어진다고 하지만
그리움의 견딜 수 없는
마음속에 행복했던 인연은
영원히 내 기억 속에 잊히질 않듯
더욱 깊어지는 아름다운 추억에
오롯이 느끼는 것은 첫사랑이 하지요.

심장

심장이 말을 한다.

차가우면 괴로운 것이고
뜨거우면 열정이 많은 것이지

누구나 한 번쯤 외로울 때
왼쪽 가슴을 사랑으로 쓰다듬어 주면 좋으련만
다를 외면하고 힘들게 하는지
가슴이 답답하고 숨이 찰 때
잠시 휴식을 취해 보고 싶고
때로는 설레임 속에 감동적인 사랑으로
삶은 누리고 싶은데
왜 다들 몰라주는 걸까.

난 지금도 심장이 뛰고 있는데…

♣ 황홀한 고독

하늘은 침묵 속에 말이 없고
외로운 마음은 허공을 맴돌며
따뜻한 햇살에 자리를 내어준 봄날,
그리움을 간직한 채
애정의 눈빛으로
청초한 빛들을 쓸어낸 내 마음속엔
고독했던 삶을 잊으려 한다.

별빛이 반짝이는
청춘의 시절은 다 지나가고
어둠이 깊어 가는 밤
황혼의 시간은 추억을 먹고 사는 인생이지만
세월을 의식하지 않는
식지 않는 열정으로 심장의 고동 소리를 들으며
영혼의 소금꽃 불멸의 사랑을 찾아
마지막 순간까지도
그리움의 빛을 쫓아 날아간다네.

석양의 황금빛처럼 물든 삶의 끝자락
자맥질하는 삶 속에
기쁨과 행복으로 황혼을 만끽하듯
아름다운 황홀한 고독의 흔적을 남긴다.

♣

그리움

삶의 고통 속에
붉은 눈물이 앞을 가리고
잿빛 물결 젖어든 외로움이
어둠의 침묵으로 다가오며
인생이 무엇인지 끝도 알 수 없는
고독의 삶 달빛의 벌거벗은 몸이 되어
뜬눈으로 밤을 지새운다.

강물에 잠긴 노을빛은 사라져
야트막한 어둠이 깔리면
마음 둘 곳 없는 적막함이 몰려와
어느새 황량한 대지 위에
그리움의 달빛은 어둠을 삼킨다.

가슴으로 피워낸 아름다운 옛 추억의
여울목에 찾아든 행복이 퍼즐처럼
내 안의 기쁨으로 다가와
오가는 포근한 햇살 속에 번지는
사랑을 싣고 고즈넉이 내리는 꽃비를 마시며
가슴속에 고인 그리움을 씻어내려 한다.

자신의 참된 성욕의 깨우침은
진실된 순수한 사랑으로
뿌리내릴 때 비로소 성숙한 삶을 이룬다.

삶의 어둠을 이기는 것은 태양빛이 아니라
한줌의 그리움의 빛 속에서
절망을 헤쳐나가듯 꿈을 향해 나아가는
소중한 사랑이라는 것을…

♣

기다림의 미학

바람에 그리움이 몰려옵니다.

수많은 세월을 살아왔지만
님을 향한 그리움 외에는
행복이 없었습니다.

이미 황혼이 되어버린 인생
내 삶의 시간이 꼭두각시 인형처럼
어느새 노년의 무심한 세월이
되어버렸네요.

사랑은 어떠한 장애물도
헤쳐 나갈 수 있는 용기를 주듯이
누군가 사랑의 선물은
기다림의 미학이라 했지요.

어둠 속에 음습한 가운데
그리움에 목말라하는
메마른 영혼이
사랑의 샘물을
마음껏 마시고 싶습니다.

♣

사랑은 삶의 걸작품

아름다운 마음 속에
얽매인 외로움의 한 덩이 끄집어내어
측량없는 사랑으로
영원한 행복을 누리고 싶다.

뭉게구름 피어나는 고요한 별빛 아래
꿈을 키워나가는 희망의 불꽃으로
그리운 마음속에 고인 고름을
짜내어 씻어주듯
그대 따뜻한 애정의 손길로
아물게 한다네.

그리움의 꿈을 낚은 어부처럼
행복을 건져내고
기쁨의 변함없는 순정으로
함께 만들어 가는 삶의 걸작품은
고귀한 사랑이라네.

♣ 행복의 문

여름날
열무김치 보리밥에
사랑을 버무려
해장국 뚝배기 한 그릇에
작은 행복을 느꼈지.

그녀의 앵두 같은 쪼매한 입술로
미소 짓는 얼굴이 너무나
사랑스럽고 예쁜지
내 마음속에 설렘이
풍선처럼 부풀어 올라
마음을 가눌 수가 없다네.

그녀의 달콤한 향기에 빠져
진정 겉치레 애정이 아닌
겸손한 사랑으로
행복의 문을 활짝 열 때
그녀는 먼저 내 앞에
기다리고 있었네.

♣

사랑의 꽃

하늘은 회색빛으로 물들고
가슴 아린 옛 추억의
그리움의 눈물이
이슬이 되었네요.

그녀와 함께 손잡고
영혼의 천년 사랑을
꿈꾸었지요.

출렁이는 파도에 외로운 마음을 씻으며
뜨거운 햇살 한 줄
순결한 꽃잎처럼
아리도록 붉은 사랑을 그리워했었네요.

마음속에 고여있는 외로움의 눈물을
하얀 구름 속에 감추고
바람에 날리는 그대 향기만을
기다리고 있습니다.

고운 햇살에 빚은 맑은 눈물이
옥돌이 되어 순결한 마음으로
별빛에 감긴 사랑 속에 천국을 바라보듯
하늘이 젖을 만큼 그대 마음의 꽃으로
물들고 싶네요.

예쁜 사랑 바지 주머니에 남몰래 숨겨놓고
이따금 그리워 생각나면 다시금 꺼내어서
마음속 깊이 되새겨보면 행복할까…

인생에서 결과보다 과정이 더 중요한 것이라면
노력하지 않고서는
바라는 것을 얻지 못할 것이다.

♣

침묵 속의 그리움

구름 속에 숨어있는 별들은
고독의 그림자를 감추고
하얀 옷으로 갈아입은 달빛 천사는
외로움을 토해낸다.

숙명처럼 다가오는
어둠의 별빛을
삶의 괴로움 속에서
떨어진 고독의 한 덤이 집어
태양 빛에 태우고
사라져간 청춘의 영혼들을
포근한 햇살 아래 잠이 드네.

삶의 고통 속에
숨 죽이던 그리움의 눈빛으로
꽃 피우지 못한 어둠의 자식들이
황홀한 소망의 빛을 갈망하듯
험난한 고난 속에 피어난
작은 희망은
인내의 기다림이며
바람의 향기는 소리 없는
침묵의 그리움이다.

♣ 유채꽃 사랑

꽃은 아름답고 화려하지만
향기가 없는 것은 꽃이 아니지요.

그대 아름다운 미소가
내 안에 사랑으로 채워주네요.

차가운 눈 속에서도
얼어 죽지 않는 노란 유채꽃밭
선녀가 내려온 듯
온 누리에 꽃향기로 번집니다.

유채꽃을 바라보면
마음의 평화가 찾아오고
여유로운 삶의 시간 속에
눈을 호강시키지요.

노란 유채꽃밭 수채화 그림처럼
아름다운 모습으로 자연에 취해
몽실몽실 피어오르는 계절에는
그리움을 사라지게 하는
유채꽃 사랑인가 봅니다.

♣ 사랑의 광부

형체도 없이 잘게 부서진 괴로움에서
망상에 걸힌 그리움의 한 자락
작은 세포 속에 저장된 번민의 마음,
고통이 사라진 어둠 속 새 생명의 빛으로
회복된 삶을 맞는다.

그리움의 최면 걸린 무의식 속에
행복의 꿈을 바라던 정열을 불태우고
기쁨의 눈물을 꽃피어 붉은빛으로
그대 사랑의 향기 가슴 깊이 파고드네,

지난 가슴속에 머문 사랑
고독에 파묻힌 외로움의 영혼이
어둡고 그늘진 곳에서 방황할 때
부드럽게 감싸주는 달빛을 벗 삼아
애벌레 허물을 벗기며
한 마리 나비가 되어 꽃을 찾듯
사색의 아름다울 꿈과 희망을 캐는
사랑의 광부가 되려 한다.

♣

꿈을 이루는 사랑

아름다운 봄날,
꿈속에서 사랑은 나누며
이야기꽃을 피웠지요.

꿈에서 그대 미소 띤 얼굴을 보니
행복한 모습이었네요.

사랑이 사라질까 봐 조바심에
꿈속에서 영원히 잠들고 싶습니다.

별보다 더 빛나는 열정으로
그리움 속에 사랑을 불태우듯

누구나 한 번쯤 깊은 사랑의
꿈을 꾸지요.

행복한 꿈이 이루어지는 그 순간이
나에게 소중한 사랑이란 것을
깨달았습니다.

아름답다운 자연…
산삼 캐듯 행복 속에 건강을 선물받는다.
작은 기쁨 속에 보물을 찾는 심정으로
소나무 숲길은 마음을 치유한다.

나눔이 있는 곳에 사랑의 꽃이 피듯
아름다운 기적은
기쁜 마음으로 함께할 때 그리고
사랑의 베풂으로부터 시작이다.

♣

삶의 휴식

긴 겨울에 동면했던
그리움이 깨어나
가슴속에 물든 고운 향기로
피어난 꽃피는 계절
꿈같은 설렘의 봄을 맞으며
내 마음에 그리움이 배고프면
기다림의 사랑은 달콤함의 순간들이지요.

힘든 고난의 나날들을 보내고 나니
내일 삶의 의욕을 충전하기 위한
시간이 필요하듯이
몸에 쌓인 피로와 스트레스를 털어 내기 위한
오늘의 휴식이 소중한 날

아름다운 삶의 기쁨 속에
휴식은 나의 고마운 선물입니다.

♣ 불멸의 사랑

찢어진 쓰라린 가슴에
어둠 속 가난의 이슬을 머금고
단풍잎마다 추억의 외로움이 깃들어
청춘은 물빛 구름에 젖어 있네.

물살에 아롱거리는 외로운 물결이
가느다란 여울 속에
그리움을 노래하고
흩어지는 별들의 함성 소리의 외침이
눈물이 되어 빛을 잃고 헤맬 때
고독의 영혼이 한없이 슬픔에 잠긴다.

어둠이 걷히면 언젠가 소망의 빛이
아름다운 꽃 빛으로 물드는 그날이 오면
사랑의 밧줄을 다시는 놓지 않으려
몸부림치며 행복의 눈물 속에
영원히 사라지지 않는 별빛처럼
불멸의 사랑을 그리워한다네.

♣

고독을 즐기며

별빛 속에 빛나는 미소가
가슴을 몽실거리게 만드네요.

영혼이 사라진 별은
어둠뿐이지요.

멈추었던 번민 마음의
다시 꿈틀거리고
가슴 속 파고드는 괴로움의 시간들은
멈추지 않네요.

어둠 속에 감추었던 장밋빛 꽃처럼 빛어낸 별들은
순간 외로움의 모든 상처를 아물게 하고
마음에 남아있는 이별의 고통에서
지울 수 없는 부러진 기억을 꿰매며
잠들었던 어둠의 별들이
다시 반짝입니다.

밤은 어둠을 짝사랑하듯
아름다운 별빛은 외로움을 감싸주지만
달빛 사랑의 기다림으로
고독을 즐긴답니다.

작은 희망의 빛

발길 닿는 곳마다 거친 험한 길이지만
반복되는 삶의 고통을 감내하며
해거름 깔리는 가을 하늘
저무는 노을빛 고운 물살이
새록새록 움튼 붉은빛 숨결로
주옥같은 깊은 사색에 잠긴다.

아지랑이 풋풋한 꽃내음에
달빛 그리움 속에 스며드는 햇살 아래
꿈결처럼 다가온 지난 옛 추억의
기쁨들이 미풍 속에 사라진다.

달빛 외로움의 울고 있는 고독의 밤
덧없는 삶의 시간이
하루살이처럼 살아온
나약한 인생이거늘
한 줌의 영혼의 빛이 기쁨과 슬픔이
교차하는 순간
마지막 생명을 다하는 날까지
허물어진 폐허 속에
숨어있는 어둠의 빛을 찾는다.

심장마저 불사르는 사랑의 열정은
삶 속에 어떠한 고통이 닥치더라도
극복할 수 있는 힘의 원천이 되리.

불신 가득한 분노와 증오가 난무하는 세상.
절망과 벼랑 끝에서 애통함에 몸부림치는
어리석은 삶을 재촉한다.

♣

바람 속의 침묵

고통 속에 침묵의 소리 없는 슬픔은
별빛 고요한 밤하늘에 묻히고
마음속에 검게 그을린 그리움들을
한껏 토해낸다.

가슴에는 조여드는 괴로움의
보잘것없는 허무 속에 살아가는 인생
얽매인 가슴을 풀어헤치고
붉은 햇살 한 줌
삶의 고난의 길 세속적인 욕망을 버린 채
희망의 빛 속에 부활의 꿈을 펼치며
사랑의 감동의 물결로 삶을 찾으려 한다.

운명이란 스스로 꿈꾸는 기억 속에
인생에서 포기한 삶은 절망의
가운데 가슴을 휘감듯
습관처럼 농익은 고독의 불빛은
그리운 바람에 베인 아픔이요
소리 없는 침묵의 칼이라네.

♣

지혜

낙엽이 내린 자리엔
외로움이 자라납니다.

가을이 남기고 간 추억은
그리움이 남아있지요.

삶이 힘들고 지친 고단한 인생의 연속
후회 없는 삶을 살아가려고
발버둥치며 노력했건만
세월이 나를 혹독하게 만드네요.

이 세상에 하나뿐이 없는
소중한 나 자신의 고귀한 인생이기에
기쁨보다 고통 속에 삶을 보내며
괴로운 마음을 풀어내는 그리움의 동심으로
숙성된 사색의 깨달음에 지혜가
삶을 살지게 합니다.

♣

희망 3

끝나지 않을 것 같은
무더위가 지나다 보니
성큼 다가온 외로운 계절
마지막 잎새마저 쓸쓸함에 잠기는 순간
모진 세월 속에
심장을 짓누르는 고통이 시간을 보낸다.

의미 없는 절망의 늪에 빠진 삶의 세월
어둠 속에 자란 검은 영혼이
애달프게 번지는 외로운 바람 속에
삶의 괴로운 마음은 쌓여만 가듯
고통 없이는 어찌 눈부신
내일의 아침을 맞을 수 있으랴!!

치열하게 살아가는
삶의 전쟁터에서
물러서지 않는 용기와 끈기만이
희망의 꿈은 나를 저버리지 않는다.

♣

별빛 그리움

밤하늘에 꽃비가 쏟아져 내리는
별들의 합성 소리가
사랑의 속삭임으로 들리고
탐닉하는 별빛 그리움이
봄바람에 눈 흘기네요.

옷깃을 여미는 짝 잃을 하얀 천사는
밝은 미소로 살며시 네게 다가와
마음 설레게 하고
별빛처럼 아름다운 짝사랑으로
우연히 만남 속에 노크도 없이
마음을 훔칩니다.

스치는 바람의 향기로운
하늘빛 다정한 눈빛으로
불기둥처럼 치솟는 사랑의 열정 속에
아름다운
행복의 눈물로 붉은 그리움의
별빛 속에 잠이 듭니다.

삶의 그리움의 추억은 흘러가는 것이 아닌
마음 속에 채워가는 것이다.

원하는 것을 얻기 위해선
땀 흘리며 묵묵히 일할 때 삶의 희망이 보이듯
행복은 묵묵히 일하는 삶 속의 지혜로움에서 얻어진다.

♣ 덧없는 인생

봄에는 꽃을 피우고

여름에는 바다를 품으며

가을에는 그리움이 싹트니

겨울에는 어둠 속에 잠을 청하듯

우리가 사는 삶의 인생

영원히 살 것처럼

꿈꾸고 있다네

♣

고독을 즐기며 2

풍선처럼 불어나는 삶의 고독한 마음을
중심을 잃고 헤매이며
낯익은 달빛의 덧칠된 그리운 마음을
번식시키고 찬바람에 뼛속까지
훑고 지나간 사랑의 불꽃은 재가 되어
흔적 없이 사라진다.

변하는 계절 속에서 가슴 에이는
번민의 마음을 한 올씩 벗겨보면
텅 빈 허무한 그리움만 남을 뿐
외로움의 재갈만 물리고 옭아 매였던
연민의 사랑의 상처가 사무치는 괴로움으로
남아있네.

물 없는 메마른 강물에 헤엄치듯
철새처럼 떠나버린 사랑의 이별 속에
벗겨진 미세한 기억들을 더듬고
달갑지 않은 반복된 외로움의 삶의
길잃은 나그네 인생이 되어
아무도 살지 않는 외딴곳에서
나 홀로 가끔씩 고독을 즐기고 싶다.

♣

사랑의 시작

강요당한 그리움은 말이 없듯
고독한 사랑을
무덤까지 삼켜버린다.

인생에서 사랑이 없다면
금은보화를 가진들
무엇 소용이 있으랴!

아름다운 그녀 마음속에
소중한 사랑의 씨앗을 품어
몸속에 그리움을 뽑아내어
향기로운 꽃으로 물든 행복 속에
아름다운 봄을 맞이하듯
새싹이 움트는 맑은 영혼
달빛 속에 몸을 씻는다.

이슬에 적시는 외로움의 눈물 속에
행복의 꽃을 피우는 삶은
사랑의 시작이라는 것을…

♣

사랑의 속삭임

뼛속 깊이 사무친 외로운 마음속에
어둠의 터널을 벗어나지 못한 채
고독의 밤이슬을 맞으며
은밀히 묻어 두었던 그리움의 사랑을
밤새도록 도굴하여
그대에게 전해주려 합니다.

별빛 그리움의 보석 같은 사랑은
그대 고운 숨결로 온몸을
젖빛으로 물들고 있지요.

꽃구름 속에 피어난 하얀 장미꽃처럼
별빛 아래 내 마음을 고요히 흔들듯
연보랏빛 향기 맡으며,
그대와 함께 부드럽게 사랑을 속삭이고 싶네요.

사랑은 고귀한 것
나의 인생은 온통 그대 생각뿐.

피땀 흘리며 노력한 삶 속에
꿈은 반드시 도망가지 않는다.

♣ 그리움의 봄

미련의 아픔은 물안개처럼
피어오르고 깊이 잠든 영혼들을
아침을 깨우며
시름에 가득 담긴 그리움은
달빛 속으로 밀어 넣는다.

고독이 쌓이고 힘들 때마다
그대가 꿈속에 찾아와
가슴 깊이 스며드는 순수한
푸른빛 숨결로 날 반기네.

사랑이 꽃피는 열정 속에 눈을 뜨며,
투명한 햇살에
놀다 간 바람은
꿈을 실어 나르는 희망의 빛이
상큼한 청춘의 첫사랑처럼
그리움의 봄은 깊은 잠에서
기지개를 켠다.

♣ 사랑은 아름다운 꽃

삶이 이처럼 아름답게 보이는 것은
보석 같이 빛나는 사랑이 있기 때문이겠지요.

사랑은 꽃보다 아름답기에
세상이 더욱 밝아지네요.

우리의 인생 또한 고난과 어려움 속에서도
꿋꿋하게 일어서려는 용기가 필요한 것이
사랑의 힘이겠지요.

최선을 다해 땀흘리는 삶이 행복을 가져다주며
모든 것을 감내하고 이겨내는 것이
사랑의 힘이듯

사랑은 내 마음에 아름다운 꽃입니다.

♣

사랑의 여의주

정든 도시 생활 속에
괴로운 마음 살짝 내려놓는다.

풀숲 사이로 스며드는 따사로운
햇살 머금고 고운 풀잎 향기를 마시며
숲길을 걸을 때
바람의 낙엽처럼 떨어지는 고독한 인생 속에
행복한 봄날에 문을 닫으면
꽃들은 시들고 말지.

별빛 속에 꿈을 꾸며
그리움의 흔적은 봄 햇살에 묶인 채

괴로움의 슬픔 속에 넋을 잃고
맑은 영혼으로 사랑의 여의주를 물 듯
승천하는 꿈을 꾼다.

♣

천사

사무치는 낯선 외로움이
살며시 도둑처럼
내 안에 들어와 둥지를 틀었네요.

깊은 밤하늘에 배고픔 그리움의
예쁜 별 하나 한 잎 따먹고
염치없이 슬그머니 눈 흘겨
따스한 달빛 속으로
잠을 청합니다.

반갑게 마중 나온 따뜻한 햇살 한 줌
외로움의 상처를 위로받고
고운 미소로 내 마음을 훔치는
그대는 세상에서 가장 소중한
사랑의 선물을 안겨준
아름다운 천사입니다.

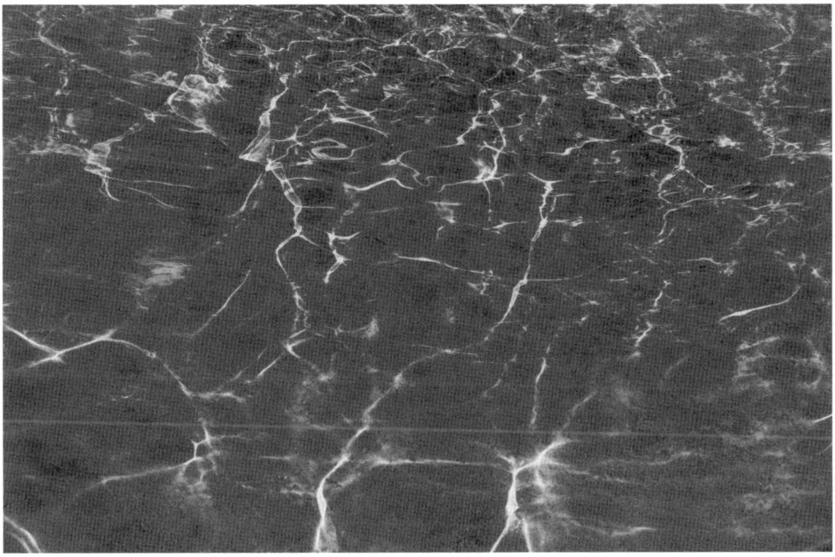

우리가 사는 세상, 바른 생활과 진실된 마음으로 이웃을 돌아보고
함께하는 페미니즘 속에 불평등한 사회가 사라지는 그날까지
감동의 삶의 물결로 희망이 넘쳐나길 소원한다네.

우리는 행복을 위해 산다고 하지만
결혼은 삶의 노예 되어
살아가는 세월 동안 인생은
괴로움과 고통의 연속이 되어…

고통과 인내

절망의 늪에서 헤어 나올 수 없는
어둠의 영혼이 내 발목을 잡네요.

인생을 살아가는 시간 속에
기쁨보다 괴로움의 삶이 많겠지만
힘겨운 삶을 견디며 나갈 때
비로소 꿈과 희망이 보이겠지요.

무기력한 게으름의 인생은
가난 속에 허덕이며
비참한 노년을 맞네요.

삶의 열매는
고통과 인내로
아름다운 행복은
끊임없이 노력하는 자만이
얻을 수 있습니다.

보랏빛 향기

현실 속에
아름다운 순간은
사랑하는 마음이며
날마다 세상을
오염된 삶 속에 살아가지만
때론 묵묵히 땀 흘리는 이들은
내일의 희망이 보인다.

하늘의 떠다니는
먼지 하나뿐만 아닌
가슴에 맞닿은 바람조차도
삶의 의미를 닮고 있지.

가슴을 짓누르는 고통 속에
괴로운 마음의 무거운 짐을 내려놓으며
심술쟁이처럼 불어오는 미련의 그리움
연민의 정을 담아 서글픈 마음
슬프지 않게 한 줌의 보랏빛 향기
그대 사랑에 흠뻑 빠져든다.

♣

사랑의 빛 3

가녀린 바람의 향기는
그리움의 빈자리를 채우지 못한 채
쓸쓸한 가을 햇살 속에 묻히고
저 먼 하늘빛 외로울 별 하나
어둠의 덫에 걸린 영혼(마음)은
희미한 빛을 발할 뿐

인적이 끊긴 산 중턱 홀로 앉아
지는 해를 바라보며
외로움의 눈물을 훔친다.

하늘의 햇살은 능금처럼
붉게 물들고 있는데
낡고 녹슨 고독한 마음속에
황혼을 맞는 쓸쓸함이
소리 없는 침묵의 그리움으로
모든 괴로움의 기억들을 털어버리고
어둠의 영혼에서 보석처럼 빛나는
영원한 사랑의 빛을 갈망한다네.

♣

삶의 무상함

거미줄처럼 옭아맨 험한 인생
꽃잎 떨군 자리에
아프게 익어가는 마음
사랑의 빛을 잃어버린
눈먼 사랑처럼
어둠 속에 방황하는 나그네가 되어
살아가는 모든 것들이 변해만 간다.

미련의 슬픔 또한
핏빛으로 물들어
투명하게 드러난 고독이
썰물처럼 사라지면 좋으련만
고요히 흘러 들어온 강물 따라
낯선 그리움이 슬며시 들어와
주인 노릇하네.

저녁노을에 짙어가는 겨울밤에
언 바람 불 때마다 소리 내어 울어대며
황혼의 붉게 물든 외로운 마음 끌어안고
삶의 세월의 무상함이
벌거벗은 내 영혼의 허물을 벗긴다.

하루를 살더라도
사랑의 촛불은 꺼지지 않게
의미있는 삶을 위해
노력하라!

소중한 삶을 위해 어떠한 절망 속에서도
사랑은 발견하는 것이 아닌
만들어 가는 것이지.

시들지 않는 꽃

세찬 바람에 파도치는
거센 물살을 가르던 강물은
바위를 부딪치며 거품을 내뿜는다.
허공을 떠다니는 황홀한 그리움의 빛들이
여울진 물빛 속으로 몸을 담그고

그리움이 풀풀 날리는 꽃향기는
때묻지 않는 장밋빛 사랑으로
외로운 마음을 해독하여
앵두 입술 닮은 고요한 달빛 아래
지그시 눈을 감으며 시들지 않는
아마란스꽃처럼 불멸의
사랑을 꿈꾸어 본다.

♣

인고의 시간

소통의 부재 속에
삶의 대화가 끊기고
행복의 시간이 멈춘 절망의 그림자
소멸되어 버린 그리움의 꿈의 시절
청춘의 빛이 사라진 영혼 속에
비애의 순간
눈물 빛 지우는 바람의 혼이
어둠 밤을 뒤척이는 잠결에
외로움을 흔적 없이 지울 수는 없을까?

뼈를 깎는 인고의 아픈 세월을 밀어내
콧날 세운 바람 속에 서성이며
찢어진 잎새 사이로 스며드는
외로움이 잔잔한 사랑 고백으로
언제나 누군가를 그리워한다는 것은
아름다운 행복인 것을…

간절히 바라는 사랑의 작은 꽃잎들을 모아
아무도 없는 고요한 적막 속에
어둠뿐인 고독의 슬픔을 잠재우 듯
지울 수 없는 그리움이 오랜 시간 동안
기다림도 아픔이었다.

♣ 사랑의 보험

바다 깊은 곳을 헤엄치며
사랑의 진주를 캐는 마음속에
어둠에서 밝은 빛으로
삶을 꿈꾼다.

마음속에 행복을 위해
봄을 알리고 지키는 꽃처럼
그대 마음의 수호자가 되어
신중한 사랑을 위해
성스러운 하나의 여울 빛 숨결로
붉게 타오르는 열정 속에
촛불을 밝힌다.

당신의 마음은
아름다운 수평선.

희망을 잃지 않았던 것은
기다림의 그리움 속에
언젠가 내 곁에 찾아오리라는
믿음이 있기 때문이었네.

당신과 영원히 함께하기 위해선
아름다운 사랑의 보험을
들어야겠지.

별빛 사랑

천년 사랑을 꿈꾸는 별빛 속에
영혼 세계 행복의 터를 잡고
폐부를 관통하는 이생의 고통받는
삶을 탈피하여 외로움의 아픔 상처
걷어내려 한다.

그리운 달빛 아래 허물 벗는
외로움의 껍질을 벗기고
저승의 꽃이 시든 영혼의 한 조각
사랑의 꿈을 갉아먹는 고독 속에
벗어나 다시 환생하듯

천륜을 거스르지 않는 삶의
여명의 빛이 그리운 태양을
향해 불 지핀다.

고즈넉한 가을 풍경 속에
몽환적 길 따라
그늘진 마음에 자줏빛 꽃등을 켜고
별빛 쏟아지는 보석 같은 사랑은 빛으로
아름다운 재앙을 맞는다.

삶의 욕심을 버리면 마음이 가볍고 기쁨이 찾아오며
사랑은 행복과 희망을 꿈꾸게 하지만
사랑이 멈추면 인생의 모든 삶의 존재 의미를 잃어버린 것이다.

괴로움을 견디는 것이 인생이라 하지만
고독이 나를 멍들게 하고
중독된 그리움이 사라지지 않는구나!

♣
고독의 즐기며 3

달빛이 비친 강물 위에
부드러운 붉은 노을이 도른도른 속삭이며
바람의 선율 따라 꽃잎이 머물고 있는
가을의 그리움이 저멀리 아른거리네요.

붉게 물든 계절의
아름다운 자연이 나의 눈을 호강시키며
물 숲에 핀 행복의 물방울이 튕기는
정겨움 속에 꿈꾸는 인생은
소박한 작은 기쁨이며 희망이지요.

가슴에 잔설처럼 남아있는 고뇌의 삶 속에
깨어있는 성숙한 그리움은
사랑의 해독제이듯

청춘의 외로운 마음을 억누르며
시름에 젖은 괴로움의 무거운 짐을 내려놓고
고독을 즐기니 또 다른 아름다움이
보이기 시작합니다.

♣ 사랑의 빛 4

빛은 사랑입니다.

그리운 사람은 사랑의 빛을
원하지요.

하늘의 빛을 품고
빛은 온 누리에 아름다운
꽃 빛으로 정겹게 물들게 하네요.

빛은 하늘이 내려준
고귀한 선물입니다.

빛을 사랑하면
마음이 풍요로워지지요.

따스한 햇살
꽃잎 향기에 미소 짓듯
그리운 마음속에 별빛 담아
가장 아름다운 보석처럼
온 세상 사랑의 빛으로
물들었으면 합니다.

♣

사랑의 백신

비상하는 작은 소망 속에
사그락거리는 첫 발걸음을 내디디며
투명한 달빛 아래 그리운 마음을 걸치고
방부제 없는 사랑으로 채석장 깊은 곳에
금맥을 찾듯 내 가슴에 희망의 빛을 꺼낸다.

청아하게 흐르는 많은 물빛 속에
몸을 담그면 넝쿨 밑동아리 휘늘어진
마음의 기름을 부어 겹잎처럼 피어오르는
새하얀 뭉게구름 위에 따사로운 햇살 받아
외로움의 한 덩이 곱게 주무르고 그리운 빵을 굽듯이
달콤한 사랑을 맛본다.

사랑의 울림은 내일의 행복한 삶을 누리게되고
고난 속에서도 의미 있는 인생은
사랑을 잃지 않는 것이기에
휘몰아치는 거센 바람에도 흔들리지 않으며
구름 위를 걷는 황홀한 기쁨 마음으로
사랑의 백신을 맞는다.

♣

사랑의 매듭

어둠을 재촉하는 죽은 자의 영혼들이
무덤 주위를 배회하며
붉은 노을빛처럼 붉은 심장을 도려내듯
그리움의 조각난 잔해들을 주워 담아
궤 맞추고 햇살에 비집고 들어온
어둠의 영혼의 빛이 찬연한 빛을 바랍니다.

찬바람에 꽃잎이 시들고
바람의 향기조차 삼켜버린
애태우던 그리움의 눈빛이
바래진 꽃잎에 맺힌 이슬
괴로움이 경계를 허물며
희망의 별빛을 품으려 합니다.

움푹 파인 발아래 숨죽인 번민의 마음
꽃망울 터트린 꿈길에 따스한 햇살 속으로
외로움의 길 찾아 사랑의 몸부림치듯
가녀린 그리움은 물들지도 채우지도 못한 채
움츠리며 맥없이 졸고만 있네요.

달빛이 흐르는 꿈결 따라 기다림의 사랑은
황홀한 고독의 시간 속에
발그레한 별빛을 품고

소중한 사랑의 매듭으로
곱게 삶을 만들어 갑니다.

잃어버린 나의 반쪽을 찾기 위해
저 먼 행성, 별 끝까지라도 찾아갈 수 있어.

현실은 자아를 소진시키고
자애로운 의지 속에 보응(報應)의 현실만이 존재하며
죽음의 고통은 이성의 문제가 아닌 실존적 문제이듯
우리의 인생은 타락한 세상 속에 살아가는 영혼이다.

♣ 사랑의 포로가 되어

인생은 꽃으로 피어내고
그리움은 향기로운 꽃잎 속에
삶의 행복이 움트며
설렘의 붉어지는 마음
사랑의 길목에서 아름다운 꽃 물결이
화사하게 여울진다.

아침 창을 여는 해맑은
햇살 아래 부드러운 마음속에
사랑도 여물어 가듯
기다림의 행복은 그리움의 시작이며
슬픔까지 감내하는 아름다운 고독이지.

언제나 그대에게 사로잡힌 채
사랑의 포로가 되어
가슴 뛰는 그리움은
멈추지 않는다.

♣

사랑, 그리움

가슴 아린 외로움의 아픔 속에
힘겨웠던 고달픔에 삶의 세월
괴로움의 모든 짐들을 멀리
유배 보내려 합니다.

꽃잎에 입맞춤하는
별들의 사랑처럼
그대 부드러운 숨결이
닫힌 마음을 여네요.

미소 짓는 봄날에 햇살이
첫사랑의 설렘 또한
희망의 불빛으로
마음속에 시름을 잊게 해주듯

땅속 깊이 잠들었던 그리움이 되살아나
함초롬히 자라나는 한 떨기 꽃이
빛나는 달콤한 사랑으로
내 마음에 붉게 물든답니다.

♣

별빛 사랑 2

당신의 마음은 이슬비처럼 내리는
맑고 고운 숨결을 품고 있네요.

해맑게 웃음 짓는 그대 얼굴을 볼 때마다
정겹게 다가오며 거센 소낙비 내리는
하늘 먹구름 속에 폭풍이 몰아치듯
그대 사랑이 내 심장을 녹입니다.

초록에 물든 봄을 맞을 때면
새잎 돋는 꽃잎 속에 붉은 장미꽃처럼
불꽃 같은 열정으로 여명의 빛을 갈망하네요.

요염한 사랑의 별빛이 예쁜 보조개로 날 유혹하듯
내 가슴에 밀봉해 두었던
그리움의 문을 활짝 열고
운명처럼 다가온 사랑의 몸부림에
한 줄기 빛이 되어 영혼의 울림으로
밤하늘 쏟아지는 황홀한 별빛 속에
그대와 함께 웃으며 하늘을 봅니다.

♣ 천국에서

잔잔한 그리움이
여울 빛처럼 물결치며
외로움의 달빛을
어둠을 시샘한다.

청춘은 지나가는 세월 속에
아름다운 좋은 추억들은 사라지고
강물에 비친 그대 얼굴이 떠오를 때면
주체할 수 없는 번민의 마음은
종일토록 잊을 수 없는 그리움으로
빠져든다네.

그대와 함께 지내온 시간들
삶의 인생이 영원히 행복하게
살 것처럼 의지하고 살아왔지만
그대와 함께 사랑하는 날이
아직 많이 남아있는데
왜 그리 먼저 떠나는지 서글퍼지는구려.

부디 그대 영혼은 가슴속에
천국 여행을 빌어 보며
달빛의 옷깃을 여미는
한 줄기 행복의 빛들로
당신이 남겨준 그리움의 향기

영원히 간직한 채 천국에서
다시 만나길…

사회적인 논쟁을 없애려면 뉘우침의 반성과
자신의 자리에 연연치 않으며
모든 것을 내려놓아야 마음이 편할 것이다.

잡초처럼 피어나는 세월 속에서
살아가는 삶이 고통이듯
인생은 사막 위를 걷는 외로움의 여행이다.

사랑의 등불

푸르른 잎새마저 이슬이 맺히고
따스한 햇살이 내 마음에
사랑의 빛이 스며들 때
사랑한다는 말보다
고요한 침묵의 미소가
나의 심장을 녹이듯
첫눈이 내리는 추운 겨울날에도
순결한 웃음띤 그때 얼굴이
내 가슴을 불태우는구나!

당신의 아름다운 눈빛은
황홀한 별빛처럼
네 마음속 깊은 곳까지 흐르는
고귀한 보석의 빛으로 번질 때면
세상에 물든 어둠의 그림자는
사랑의 등불 앞에 고개를 떨군다,

♣ 웃음

웃음은
어둡던 마음의 상처를
치유해 주는 고마운 명약이며
엔돌핀을 심어주는 삶의 기쁨이지.

웃음을 잃어버린 삶은
행복이 찾아오지 않지만
항상 사랑을 품고 살아가면

마음속에 피클처럼
담가놓은 상큼한 즐거움을
맛볼 수 있다.

웃음은 모든 잡념을
사라지게 하는
인생의 양념 같은
소중한 선물이지.

♣

부활의 꽃

삶은 외로움 속에 살아가는
나그네 인생이거늘
회색빛 하늘의 갈 곳 잃은
그리움의 영혼들은 어둠 속을
배회한다.

해가 뜨면 안개는 걷히듯
청춘의 사랑의 추억은 생각을 젊게 하지만
노년의 그리운 삶은 연민의
슬픔 속에 살아간다네.

해 저무는 고독한 밤.
외로움의 눈물, 빗물에 적시고
그리움의 가득한 마음(영혼)의 빛은
다시금 황혼의 행복 속에 부활의 꽃으로
아름답게 꽃피운다.

♣

그리움의 꿈을 꾸며

세월의 강물 속에
행복이 물결치듯
짙은 녹음 사이로
쏟아지는 싱그러운 햇살이
어둠의 마음(영혼)을 걸러내고
사색의 무지개 구름다리 건너
그리움의 꿈을 꿉니다.

눈에 보이지 않는 하늬바람 은비늘 빛살에
그대 고운 숨결이 빛 여울처럼
해맑게 투영되는 별빛이
심혼에 감싸고
행복한 꽃잎으로 살아가는
빛나는 사랑의 달빛이
내 품 안에 살포시 안기네요.

잔잔하게 물결치며 에메랄드 호수 위를 걸어가듯
푸른빛 속삭임에 못 잊을 그리움 속
잠든 사랑의 별빛을 깨우려 합니다.

희미한 달빛 아래 어둡고 캄캄한 적막한 세상
어느덧 빛바랜 고독의 밤은 사라지고 그대를 생각하며
의미 있는 아름다운 꿈을 꾸면서…

아름다운 보석보다 귀한 것은
소중한 사랑이다.

덧없는 세월 속에 떼어 나간 외로움 붉은 살점 자리에
사랑의 새살이 돋아나길 바라며
노을진 바다에 머리를 풀고 깊은 사색에 잠긴다.

그리움의 한 조각

세상에 빛이 아름다운 이유는
어둠을 밝혀주는 기쁨속에
생명의 빛이라 부르기에
하늘이 내려주신 소중한 선물이라 하겠지요.

석양이 지는 붉은 노을처럼
풀꽃 같은 그리움의 한 조각 주워
당신의 가슴속에
아름다운 사랑을 심어주려 합니다.

삶의 그리움이 많을수록
사랑은 가까이 다가오지만
사랑 때문에 가슴 아파하고
사랑 때문에 잠 못 이루는 밤이 많아
너무 힘이 드네요.

이제 외로움의 짓눌린 모든 것들을 내려놓으니
한결 마음이 가벼워지듯
다시금 후회 없는 그리움의 사랑을 간직한 채
그대 고운 숨결로 감동의 삶의
기쁨을 맛보며
행복을 빌어봅니다.

♣

열정

지난 기억 속에 또렷이 남은
검붉은 고독한 마음의 눈시울을 붉히고
피 맺힌 괴로움으로 삭아버린 삶
빈 가슴에 그리운 별빛 하나 심어놓으며
바람도 숨을 멈추듯
어둠 속에 달빛도 사라진다.

피눈물 같은 고통의 삶의 인생
늦가을에 석양을 붉게 물든 눈물이
강물이 되어 인고의 세월의
짓눌린 삶을 견디어 내듯

어둠의 터널을 지나 내일의 희망 속에
꿈을 이루는 마법의 순간
어떠한 고난과 두려움에서도
끊임없이 도전하는 땀의 열정의 힘이
자신을 성장시키게 만든다.

♣

그리움의 영혼

가시처럼 돋아나는 번민의 마음
가녀린 별똥별이 되어
어둠 속 길을 헤매고 있다.

죽은 넋을 위로하는
그리움의 메아리는
소리 없는 침묵으로
시든 꽃잎에 맺힌 이슬처럼
피보다 붉은 외로움의 눈시울을 적시고

추운 겨울밤
매섭게 휘몰아치는 칼바람 속에
여명의 빛을 갈망하는 어둠의 영혼들은
잃어버린 그리움의 잔해들을 주워 담아
불시착한 별들과 함께
어둠 속에 사랑의
빛을 찾으려 몸부림친다.

♣

사랑의 열정

신선한 새벽 아침 맑은 공기를 마시며
잿빛을 두른 바람의 향기 속에
사랑의 빛을 발산하고
찌든 마음을 정화시킨다.

눈부신 햇살 내 안에 머물며
오늘도 살아있는 감동의 울림으로
고요한 그리움의 눈물이
맑은 샘이 되어 내 마음을 적시고
하늘에 떠다니는 꽃구름 속에
외로운 마음을 묻어두어
별빛 그리움의 파편들 주워 담아
절망의 어둠에 휩싸인
괴로운 마음을 달빛 속에
영원히 잠들게 한다.

행복을 꿈꾸는 이는
꽃을 보듯 그리움의 향기가
기쁨으로 변하여
언제나 어둠 속에서도
아름다운 꿈결 같은
사랑의 열정은 사라지지 않는다.

따뜻한 사랑이 넘치는 행복한 인생에서
작은 미소가 삶의 인생을 바꾸지.

사랑의 질투는 꺼진 불꽃을 다시 되살리는
그리움의 열정이다.

♣ 별빛 속에 잠이 들면

높다란 창공 위에
느릿느릿 내려오는 바람이
연못 수면 위를 스치며
그윽한 고요 속에 잠이 들 때
꿈속에서 한 걸음도 내디딜 수 없는
낯선 곳에 짙은 안개에 갇혀
삶의 괴로움 속에 토해낸 고독은
흐트러진 꽃 사태 앞에 거뭇한 외로움의
한 맺힌 무덤 속에서 어둠의 혼이 깃든다.

수없이 강요당한 삶의 번뇌 마음이
되살아나 조각난 심장을 꿰맞추고
외로움의 껍질을 벗겨낼 때

삶의 고통에서 해방되어
꿈을 실은 아름다운
사랑은 영원한 빛의 생명이요
기쁨의 영혼이며 그리움의 꽃이듯
맑은 이슬로 목을 축인 채
아름다운 별빛 속에 고이 잠이 든다.

반가운 손님

초록에 물든 고운 햇살 속에
사랑의 씨 뿌린 자리엔
눈부시게 꽃이 피는구나.

봄을 알리는 진달래꽃
아롱진 빛깔과 꽃물이
내 마음을 젖게 하지.

꽃잎이 떨어지면
다시 꽃이 자라나듯
꽃은 시들어도 예쁘네.

미친 듯이 기다림 속에
반가운 손님이 찾아왔다.

장미 꽃잎처럼
탐스럽게 꽃핀 아름다운 당신이
사랑의 진홍빛 미소로…

♣

가을

가을은 외로움의 계절이며
깊은 사색의 계절이기도 하지만
아름다운 추억을 만들어가는
또 다른 낭만의 계절이기로 하지요.

가을 햇살에 익어가는 곡식처럼
석양 노을빛이 외로움을 더욱
깊어지게 만드네요.

구름 한 점 없는 맑은 호수 같은
하늘을 바라다볼 때는
지난 옛 추억의 흔적을 남긴
그대 향기에 젖어
오늘도 아름다운 계절
커피 한잔의 그리움을 마시며
가을이 지나가기 전에
노을빛 황금빛 세상
눈부신 자연에 취해
눈 사진 찍고 싶습니다.

♣

편의점

주택가 동네 골목 편의점에 들러
간이 테이블에 앉아 컵라면을 먹으며
허기진 배를 채우고
음료수 병뚜껑 따다
시원한 사이다 한 잔 마시면 목을 축인다.

깊은 밤 홀로 보낸 외로움의 시간 속에
달빛이 저물어 갈 무렵
밤새 켜진 편의점 평상에 앉아
커피 한잔의 마음을 녹이고
김이 모락모락 피어오른 따뜻한 호빵을 먹으며
그리운 정든 친구처럼 늘 함께한
동네 골목 편의점에 가벼운 발걸음으로
오늘도 행복했었지.

달빛 아래 산책 나온 즐거움 속에
자유로운 시간을 보내며
소소한 작은 기쁨에서
행복한 삶의 여유를 찾는다.

삶의 미소는 아름다운 세상을 만들며
멋진 인생을 위한 사랑과 함께…

첫사랑의 편지는 마음의 거울이며 또 하나의 추억을 써내려가는
그리움이 머무는 곳이다.

♣

희망 4

세상은 삶의 고독이다.

절망해 본 사람은
희망을 분노하지
그러므로 인생은 허망한
것인가 보다.

별빛 속에 그리움을 삼킬 때
어둠의 빛이 내 눈을 가리지만
달빛은 언제나 내 마음을
밝게 비추지.

꺼내지 않았던 마지막 눈물
강요당한 삶의 번뇌 속에서
다시금 새로이 마음을 다지고
허리를 곧추세워 하늘을 날아 포효하듯
거센 비바람에도 고목처럼 쓰러지지 않는
굳은 의지 속에 삶의 희망의
결실을 맺으려 한다.

♣

부활

어둠의 감금된 영혼
방황하는 길 잃은 나그네가 되어
소리 없는 바람처럼
공허한 삶의 세속에 젖었던
지나간 세월,
부질없음을 깨닫는다.

고독의 눈물방울 허공을 가로질러
달빛 등 뒤에 점점 작아지는 나를 보며
블랙홀에 빠져 불확실한 우주공간 속에
지구는 작은 알갱이 한 조각이며
난 그 안에 먼지 같은 허약한 존재일 뿐

외로움의 미로 속에
깊은 잠에서 깨어나지 못한 채
힘겨웠던 고통에서 몸부림치듯
괴로웠던 삶의 기억들을
되돌아본다.

황혼이 짙어가는 저녁 무렵
지난 허무한 삶의 인생 속에
눈물도 메말라 버린
괴로웠던 인고의 시간들

아무런 메아리 없이
달빛에 떠밀려 가는
의미 없는 세월 속에서
자유로운 영혼의 날개를 펴고
다시금 내일의 희망의 꿈을 위한
부활을 꿈꾸어 본다.

♣

바람, 그리움

거센 외로운 비바람에
홀로 눈물을 삼키고
가을 낙엽 떨어진 계절
그리움은 쌓여만 간다.

순풍처럼 왔다가
역풍처럼 불어오는 고독한 인생.
내면의 어둠의 빛은 사라지지 않으며
주술 걸린 그리운 사랑만을 애걸한다.

가을볕에 춤추는 바람의 등에 업고
그대를 못 잊어 따스한 햇살 속으로
외로운 마음을 추스리려 하네.

배시시 웃음 짓는 달빛 그리움의
작은 희망의 빛줄기
사랑이 물결치듯
녹음이 짙은 가을 하늘 새털 구름처럼
해 저문 노을빛 곱게 물든 평화로운
마음으로 바람처럼 살아가련다.

육체의 몸뚱이는 언젠가 사라지지만
사랑의 영혼은 푸른 빛으로 영원히 남아있지.
미래로 후대(後代)로…

아름답게 산다는 것은
마음 평화 의미를 담고 있다는 것이며
삶을 함께한다는 것은 내일의 희망을 꿈꾸듯
사랑이 멈추지 않는 것이다.

♣

사랑의 예찬

소리 없이 사라지는 삶의 시간들
행복 속에 파묻혀 빈 가슴을 채워주는 가운데
소중한 사랑은 괴로움과 고통이 많을수록
삶이 성숙해지듯
사랑의 빛을 모으고 나서야
잊을 수 없는 그리움이 물들기 시작하네요.

내 마음의 고독은
사랑의 흔적을 남기기 위한
아름다운 유혹이지요.

오늘도 그대에게
상처 입은 마음을 감싸주고
순수한 사랑의 삶의 기쁨 속에
행복의 시간을
만들어 드리겠습니다.

♣

사랑의 예찬 2

어둠 밤 고독의 아픔으로 신음할 때
짙은 달빛 속에
꽃무릇 향기
묵은 마음을 달래려 한다.

흔들리고 방황하는
빛의 힘을 빌려
밀물처럼 몰려든
외로움의 허물을 벗기듯

삶의 욕망 속에 피어나는
아름다운 쪽빛 하늘이
내 마음에 수놓으며
멈춤이 없는 열정으로
맑은 영혼을 아우른다.

자신의 허기진 삶의 그리움의
강한 식욕을 불러들이고
사랑의 한 조각 대접하는
행복의 만찬이 한줄기 투명한
빛으로 붉게 물든 한 폭의 그림처럼
채색된 가을 계절 영글어 가는
삶 속에 사랑을 불 지핀다.

♣ 수선화

태양 빛에 찬란하게 곱게 핀
수선화꽃 한 송이 집 안으로
예쁜 화분에 옮겨심고
애정으로 물을 뿌려 줍니다.

다음날 잠에서 깨어보니
병아리를 부화시키듯
고개를 내밀며
노란 잎이 환하게 웃음 짓네요.

수선화 꽃망울이 풍선처럼
예쁘게 부풀어 오르고 진한 향기를 품으며
내 안의 아름다운 꽃으로 물들게 합니다.

솜이불처럼 따뜻한 사랑을 품어주고
소리 없이 내리는 비에
감춰버린 외로움이
씻겨 내려가듯

수선화 꽃망울이
화려하게 핀 아름다운 사랑으로
행복을 안겨줍니다.

♣

고독, 사랑 2

빛바랜 별들이
난산하는 기울어진 밤
지난 소중한 삶의 기억들
붙잡을 수 없는 그리운 이별의
아쉬움 속에 잊힌 사랑의
꿈들이 의식을 잃고 슬픔에 잠긴다.

빗물에 젖은 외로움의 이슬 방울
심장 속에 파고드는 고독을 되씹으며
순수한 사랑의 아름다운 꽃잎에
푸른빛 하늘을 훔쳐본다.

파란 비단 하늘 위를
걷는 소망 가운데
덧없는 삶의 행복 속에
외로운 바람의 향기
한 줌 뽑아내어 사랑의 욕망을
일깨우듯
고독의 눈물은 그리움이며
희망의 빛은 사랑이라네.

우리가 살아가는 인생에서
자신만을 바라보는 세상이 아닌
남을 배려하고 양보하는 미덕이
오히려 자신을 성장하는 기회가 될 것이야.

결국
절대 가치를 선택하는 것이 사랑이며
사랑으로 인생을 새로이 바꾸는 것은
감동의 울림이다.

♣

사랑의 행복 2

푸른 초목의 싱그러움과
화사하게 꽃피는 계절에
사랑을 하면 젊음이 유지되고
마음의 근심이 많으면
얼굴에 주름이 가득하네요.

삶 속에서 언제나
외로움은 사라지질 않지만
괴로움을 견디는 것은 사랑이므로
일상에 마음의 문을 열 때
기쁨이 찾아오지요,

원하는 모두 것을 실현할 수 있는 것은
오직 사랑밖에 없듯이

삶의 찌든 허물진 마음을 태우고
풀잎의 맺힌 그리움에
잔결처럼 흐르는 눈물방울이
소리 없는 사랑의 이슬로
행복 속에 젖어 듭니다.

♣

삶의 기적

그리움의 계절
갈매기 한 쌍이 초라한 눈빛으로
허공을 가르듯 날아간다.

쓸쓸한 가을의
가슴속에 묻어두었던
철없는 외로운 마음의 기억들을
잊어버리고

고독의 영혼은
망상 속에 허공을 맴돌며
알 수 없는 괴로움이
소리 없이 찾아와
어둠의 벽을 허무는 달빛 아래
삶의 눈물의 고통은
사라지지 않지만
꿈을 실어 나르던 희망은
사랑의 빛으로 끊임없는,
땀의 열정이 삶의 기적을 이룬다.

♣

고백

이젠,
모든 것을 감내하며
용기 내어 살아갈 수 있습니다.

아무리 고통 속에 힘겨운
나날들이라도
다시는 포기하지 않겠습니다.

절망의 그림자가
내 발목을 잡는다 해도
당신과 함께하는 한
어떠한 난간에서도
두려움이 없는 긍정의 힘으로
내일의 꿈을 위해
감동적인 삶의 울림 속에
보물을 찾는 간절한 마음처럼
행복이란 어떤 것인가를
몸소 실천해 보이겠습니다.

♣

당신의 사랑

꽃으로 물든 아름다운
사랑을 꿈꾸네요.

꽃을 보듯 가을 향기처럼
외로움의 사랑을
그리워합니다.

당신의 고운 숨결이
내 마음을 설레게 했지요.

멀리 있어도 그리움의 마음만은
언제나 함께했기에
당신의 미소 띤 얼굴을
하얀 구름 위에 그려봅니다.

아침 햇살처럼
포근히 감싸준 당신의
사랑의 문이 나에게 노크하네요.

솜털처럼 부드러운
가녀린 목소리로 사랑 고백할 때
아이처럼 행복 속에 발을 동동 구르며
좋아했지요.
하늘을 나는 기쁨으로…

♣

달님

달님이 내 마음속에
살며시 스며 들어와
고운 숨결로 설레임 속에
달님과 데이트하는 날,

망설임 없이 날 따뜻이 품어주며
사랑 노래 불렀지요.

밤마다 소원을 빌어주는 달님.
삶이 괴롭고 힘들 때면 안아주고
위로해 주는 감동의 빛으로
말없이 따스한 눈길을 바라볼 때
어둠이 되면 그리움의 달빛은
환하게 미소 짓는 아름다운
황홀한 빛이 내 마음 감싸주네요.

밤새 보고픔에 행복에 겨워
황홀한 그리움 속에
달님이 환하게 꽃피는 날
밤새워 사랑 이야기 나누고 싶습니다.

♣

임을 위한 행진곡

죽은 자가 무덤에서
칠흑 같은 어둠을 뚫고 나와
빛보다 날카로운 눈빛으로
암흑의 세상 송두리째 응시하는
두 눈동자엔 계엄군의 만행을
규탄한다.

파국으로 돌아가는 이들에게
총을 맞고 숨진 꽃다운 청춘들
자유를 위한 투쟁 속에 잔인한 그들에 맞서
민주화의 열정은 사라지지 않네.

덧없는 슬픔에 굽이치는 강물 따라
시작도 끝도 없는 어둠에서
죽은 자의 삶을 위로하며
울부짖는 5월의 항쟁 속에
자유를 외치는 민주주의 횃불은
꺼지지 않는다.

어둠이 걷히면 밝은 빛이 보이듯
평화와 자유를 위한
삶의 외침 속에 죽음을 초월한
어둠의 희생이 있었기에
민주주의 기틀이 마련되었으며

자유는 내일을 위한 더 나은 발전과
풍요로운 삶의 희망 가득 행복을 가져다 주었지.

5월의 항쟁 속에 젊은 청춘들의
희생에 눈물이 헛되지 않기를 바라며…

당신이 남겨놓고 간 모든 그리움의 추억들이
사랑의 흔적이란 것을…

사랑과 믿음이 없으면 삶의 모든 존재 가치는 사라진다.

♣

선과 악

악인의 삶은
자신의 잘못은 망각한 채
비도덕적인 언행으로
어둠의 탈을 쓴
인간의 존엄성을 상실한
이기적인 악행 속에
삶을 살아간다.

속살에 숨겨진
잡초 같은 실패한 인생
마음의 찌든 때를 벗기지 못하고
어둠의 늪에서
영영 헤어나지 못하네,

가치관의 장애를 갖는
현실 없는 이들은
자아를 상실한 인생 속에
자신의 잘못에 대한 책임을
남에게 전가하려 하듯
독선적인 특권층을 가진 사람들은
악을 행하지만, 마음이 가난하고
겸손한 자는 사랑을 베풀며 살아간다.

♣ 황홀한 고독 2

부질없는 삶의
헛된 욕망 속에 벌거숭이가 되어
거뭇한 불빛 아래
화형당한 외로운 영혼이
여린 바람에도 흔들렸다,

피골이 상접해진 고통의 세월
지친 육신을 끌어안고
물컹한 우윳빛 흐르는 유두처럼
젖은 그리움의 이슬을 마신다.

빛바랜 고독함이 붉은 슬픔의 눈물로
어둠 속에 숨어드는 달빛 아래
외로움의 불안한 마음(영혼)을 잠식한 시간.

황홀한 고독 속에 몸으로 피우는 꽃은
애타는 사랑의 기다림에 피어나는
그리움의 꽃이 아니던가!

영원히 사라지지 않는 아름다운 꽃처럼
오늘도 의미 있는 삶의 감동으로
꽃피려나…

외로움은 어디서 왔으며 사랑은 어디서 왔다 가는지…
사람들은 말합니다.
이별을 두려워하기 때문이라고…

내 가슴의 눈물은 그리움의 눈물이었는지
당신을 사랑하는 순간
나의 마음속에 맺힌 눈물이
행복의 눈물이었다네.

♣ 하얀 눈 사랑

캄캄한 밤하늘에
하얀 꽃들이 쏟아질 때
얼마나 아름다울까!

투명한 별빛이
멈추는 시간 속에
간절히 바람의 향기
그리움의 사랑을 위한
미래의 작은 희망을 꿈꾸는 순간
잠시 삶의 고통을 잊으려 한다네.

겨울에 내리는 하얀 눈송이
부드러운 솜사탕처럼
내 마음을 달콤하게 녹여주듯
너를 위한 모든 행복이
눈처럼 소복이 쌓일까?

갈기갈기 찢긴 상한 마음 풀어주며
아름다운 하얀 보석처럼 빛나는 사랑이

내 영혼을 포근히 감싸주는
하얀 눈송이만큼…

♣

바람

미소 짓는 아침 인사로
하루를 시작하고
행복한 시간의 일과 속에
따뜻한 커피 한 잔의 여유 있는
하루를 보낸다.

삶은 그리움 속에 살아가는 인생이듯
그대는 친구처럼 때론 아름다운 연인처럼
내게 다가와 사랑을 나누었지,

철없던 시절에
사랑이 뭐길래 가슴앓이하며
살아왔던지 지금도 아쉬움의 세월을 보낸다,

삶의 끝자락
그대가 품어주길 소원하며…

♣

아름다운 꽃

거미줄에 걸린 고독의 그림자
태양 빛에 그을리고
화려한 햇살 아래
홀로 피어 있는 여린 꽃잎 속에
나비가 날아와
가을볕에 걸음을 멈추게 하지.

농염한 여인의 체취는
나의 심장을 들뜨게 하고
싱그러운 계절
꽃봉오리 잎을 벌린
아름다운 연꽃은
연민의 마음으로
수면 위로 고개를 내민다.

화려한 정원 숲속에
사랑의 꽃은 그리움의 마음을 위로해 주듯
난 그대의 향기로운 꽃이 되어
아름다운 꽃처럼 살고 싶다.

꽃 피는 봄날 2

삶은 고독한 인생일 뿐
행복한 시작은 없듯이
검게 그을린 번민의 삶 속에
상처 입은 마음 슬픔의 눈물이
낙하처럼 끊임없이 흘러내리는
고독의 밤을 보낸다.

그리움의 멍에를 떨쳐버리려
몸부림치며 연민의 마음속에
열정으로 꽃피우려 하지만
사랑이 피기도 전에 야윈 꽃들은
이미 바람결에 사라져 버렸네.

사랑이 깊어지면 외로움도 깊어질 뿐
시들어 가는 나무에 꽃이 자라면
이별의 아픈 마음도 언젠간 기다림 속에
사랑이 꽃필 날이 있겠지.

세월이 익어가면
소생하는 봄날에
꽃망울이 팝콘처럼 부풀어 가듯
아름다운 사랑의 봄을 맞이한다.

외로움의 가슴, 애태우는 그리움,
여린 바람에도 흔들리는 슬픔의 눈물을 흘릴 때
애정의 메신저로 꽃은 기쁨이며
미학적 아름다운 사랑이란 것을…

밤에 피는 꽃이 더 아름답듯이
궁창 아래 어둠을 밝히는 이는
세상에서 가장 위대한 사람이다.

♣

독백

달빛에 걸터앉아
잠시 행복의 별 꿈을 꾸었지,

굴절된 번민의 마음
매듭 풀지 못한
사랑의 연민 속에서도
낭만적인 그리움은 행복이야!

마음속은 언제나 공허함이
공터였어

삶의 인생을 즐길 줄 몰랐었지.
그때 함께 지내온 시절이 너무 짧았네.

삶의 회복을 만들어 나가기 위해
이별은 헤어짐이 아닌
사랑하기 위함이지만
웃음 띤 행복의 햇살이
메말라 버린 시작은
꽃이 지는 겨울이었단다.

♣ 사랑은 깨어있는 행복

달빛 그리움의 울분을 토하는 슬픔에
괴로움의 마음을 끌어안고
서글픔의 눈빛으로 별을 삼킨 고독 속에
물빛 가르는 바람의 영혼들이
꽃도 없는 푸른 이끼만 무성한
어둠의 길을 서성인다.

고독에 삭힌 뼈마디마다
삭풍이 밀려오고 불현듯 찾아온
가슴에 고인 연민의 사랑
칼날에 베인 슬픔의 외로움을
털어낸다.

갈빛 찬란한 꽃잎 속에
달콤한 그리운 마음을 간직한 채
생기를 불어넣은 새 생명 혼으로
초연히 피어나는 고운 숨결
풀잎 같은 마음의 사무치는
연민의 정을 쌓아가듯
사랑은 깨어있는 행복의
등불이란 것을 황혼 무렵에
다다를 때 알게 되었다네.

♣

무지개 사랑

작은 고독의 한 줌 속에
내 안의 푸른 그리움의 싹이
자라나고 있네요.

그대 미소가 꽃처럼 피어나
내 마음을 설레게 합니다.

알알이 맺혀있는 포도송이처럼
사랑의 꿈이 엉글고 있듯이

작은 꽃잎이 내 마음을 밝게 물들어
가슴을 뜨겁게 하고 이루지 못한 그리움의
삶의 기쁨의 순간, 행복의 문을 엽니다.

그대가 안겨준 따뜻한 사랑의 숨결이
내 안에 이미 숨 쉬고 있네요.

그대 마음속에 애틋한 사랑의 눈빛이
사그라지지 않는 황홀한 무지갯빛 사랑 속에
아름다운 환희의 빛으로
희망을 노래합니다.

♣ 사랑은 그리움의 꽃

떠오르는 태양 빛 햇살의
따뜻한 온기와
눈부신 새벽 아침을 맞으며
꽃잎 이슬에 그리운 마음을 적십니다.

아름다운 꽃 피는 계절
저마다 사랑을 꿈꾸겠지만
그리 녹녹지 않네요.

공허함이 밀려오는 그림자가
저승길에 무덤 속이 날 잡아당깁니다.

사랑이 깊을수록
그리운 마음도 커지는 것처럼
간절한 소망 가운데 긴 겨울이 지나면
따뜻한 봄을 맞겠지요.

문틈 사이로 비집고 들어온
햇살이 빵긋 웃으며
고독이 쌓인 내 마음을 녹이듯
사랑은 그리움 속에 피어나는
아름다운 꽃이랍니다.

실패한 사람은 쉽게 포기하기 때문이며
성공한 사람은 고난 속에서도
끊임없이 노력하는 삶의 결실이라고…

내 삶의 외로움을 느끼는 것은 차 한잔을 함께 마셔줄
사람이 없다는 사실의 마음의 고독감이지.

♣

하얀 미소

가혹한 운명의 파도에 휩쓸린
외로움의 얼룩진 고통의 마음은
가슴에 남아있는 고독 속에 짓눌림이요.
상처받은 어둠의 영혼은
삶의 빛을 잃고 살아간다.

세월은 일장춘몽이듯
부귀영화 꿈꾸는 삶은 어느새
안개처럼 사라지고
번민의 마음속에 슬픔의 눈물만이 흘릴 뿐

허공에 매달린 외로움의 마음이
그대 작은 눈빛 하나에도 고독함이
솜사탕처럼 녹아내리네.

당신의 하얀 미소가
장밋빛 사랑으로 속삭이며…

♣

사랑이 머무는 자리

당신이 머무는 곳에
항상 꽃잎이 자라고 있네요.

그대 향기 아름다운 꽃으로
물들고 있지요.

그대 그리워하는 마음은
언제나 변치 않으며
따뜻한 차 한잔의 포근한
사랑이 담겨 있네요.

행복이 가득한 봄날
미소 짓는 꽃잎 속에 숨긴 미소
햇살처럼 곱게 물든 마음에
행복의 꿈을 찾아 한 떨기
장밋빛으로 사랑이 머무는 곳엔
언제나 아름다운 꽃이 피었습니다.

♣

열정 2

그리움이란
기다림 속에 기쁨의
꽃망울 터트려는 봄날에
나에게 행복의 꿈을 지탱해 주는
한 가닥 사랑의 끈이 되어주는 것이지.

삶의 괴로움 속에 덫에 걸린 듯
미련이 하늘을 찌르고
바닥까지 흠뻑 젖는 고독의 흔적은
마음속 깊이 남아있어
삶의 늪에서 빠져나오지 못하네.

누더기 같은 인생 속에
맑은 빗물로 고루 헹구고 나면
찌든 마음도 사라지고
그리움의 손길로 빚어낸
행복이 잠들지 않는 꿈의 공장을 만들어
금빛으로 도금한 사랑을 건져 올린
농도 짙은 아름다운 열정을 불태운다.

외로움이 슬픔 속에 시든 꽃잎들은 고요히 잠들고
삶의 고독 속에 바람도 울고 지나간다.

향기 없는 잎만 무성하게 자란
저주받은 꽃잎들을 갈 곳을 잃어
잡초처럼 피어나는 인생처럼
봄날에 아름답게 피지 못한 꽃잎들은

삶은 고독이라 했는가?

침묵의 괴로움은 들꽃처럼 피어나지만
아름다운 꽃들은 마음의 기쁨으로
싹을 틔우고 외로움을 위로한다네.

비어있는 커피잔에 고독의 담기는 순간
그리움의 향기가 묻어나면
천사의 마음으로 하늘 같은
사랑의 햇살 속에
어머님의 숨결처럼
그리움의 필터가 되어준
옛 추억을 되새겨 본다.

삶의 시간 속에
유실된 기억을 찾으러 뒤좇다 보니
익숙한 환경에서 벗어나 있는 새로운 것보다
지난 옛것을 그리워한다.

노을이 지면 은빛 물결의 그리움이
잔잔한 고요 속에 해맑은 물빛으로…
소리 없는 침묵의 세월은 말이 없다.

황홀한 고독 3

연민이 마음속에
옛 추억이 연기처럼 피어오르며
삶의 부서진 그리움의 조각들이
핏물로 번지더니 붉은 살덩이
한 귀퉁이 툭 잘라낸 듯 고통 속에
지난 이별의 결빙된 마음을
녹이려 한다.

어둠의 달빛에 젖은 그리움의
감빛의 노을빛보다
더욱 짙게 깔리고
먼지 또한 무거운 마음이며
삼킬 수 없는 번민의 영혼 속에 눈물이
들불처럼 피어오르듯
삶의 괴로운 가슴에 박힌
휘몰아치는 고통의 바람은 시간이 흐르면
안개처럼 사라질 뿐
인생은 보풀처럼 일어나는
황홀한 고독 속에 사랑의 혼을 담는다

♣

봄날

마음 깊숙이 접어드는 그리움 속에
희미한 달빛이 넘실거리며
풋잠에서 깨어난 외로움의 영혼이
우물 속에 물 한 사발 마른 목을 축이고
알 수 없는 우울함이 오랜 침묵으로
고독을 삼킨다.

들꽃처럼 피어난 짙은 그리움이
어쩌면 마지막일 수 있겠지만
풀잎 향기 바람에 묻혀
해질녘 달빛 속에 애틋한 추억을
마음에 가득 담아
아침 햇살 등에 지고
꽃잎처럼 여린 인생
부서지는 별빛 하늘의
강물처럼 흘러가는 세월
정처 없이 떠돌던 나그네 삶은
흔들리는 갈대와 같은
연정의 마음으로 살아가리라.

사색의 깊은 일몰의 노을빛 물결 따라
그리움의 알을 까는 새가 되어

피를 토하는 심정으로 잿빛의 물든 공허함 속에
응어리진 마음을 추스르고
외로움의 빈자리에
사랑이 꽃피는 봄날을 기다리며…

♣

꿈을 캐는 심마니

비 갠 날
맑은 하늘은 금빛으로 물든
현란한 광채가 아름다운
피사체로 연출한다.

꽃은 고운 입술 열어
나비를 유혹하고 향기에 젖은 꽃잎에
벌이 날아와 환희의 축복 속에
달콤함을 안겨 주지.

부드러운 바람결에
노을 진 녹음이 환상의 그림으로
물들이고 향기로운 꽃잎 속에
아름다운 꽃을 피우기 위해
산삼 캐듯 행복의 꿈을 캐는
심마니처럼
험한 길을 만나더라도
사랑을 위해서라면
어떠한 고통도 감내하리라.

생각을 아름답게 꾸밀 줄 알아야
행복한 사랑을 쟁취할 수 있어.

내일의 삶을 풍요롭게 하는 것은
그대와 함께 행복하게 살아가는 것이며
사랑은 마법 같은 기적을 낳는 아름다운 인생의 축복이라네.

♣ 님이 오는 날의 그리움

지난 세월 사랑하는 당신이 있었기에
삶이 행복했었지요.

밀려오는 거센 비바람이 할퀴고 간 상처
이별의 침묵 속에 외로움의 슬픔을 가눌 수가 없네요.

봄에 꽃이 피듯 그대가 찾아오면 다정한
그리움의 눈빛으로 꼭 안아주고 싶습니다.

향기로운 꽃잎 한 장 은빛 물결 흐르는
강물 위에 띄우고 꽃섬 너머 저무는 해를 바라보며
마음의 상처 입은 고독함을 모두 잊으려 합니다.

자유로이 날아가는 새들처럼 희망의 날개 펼치며
초목에 물든 가을 하늘 아래
빛바랜 못다핀 그리움의 추억을
한 줌 담아 눈 부신 태양 빛에
고독의 마음을 녹이고 언제나 외롭지 않은
삶의 인생으로 꿈결 같은 행복 속에
님 오시는 날을 다시금 손꼽아 기다립니다.

재수 없는 날

문병 갔다 온 날
차에 치여 병원에 입원했다.

지난날 친구가 소개팅한 여성이
나를 보더니 외면하듯
오히려 나보다 더 관심을 보인 것은
바로 친구였다네.

길모퉁이에 떨어진 오만 원권 한 장을
먼저 보았는데 머뭇거리다.
바로 뒤에 오는 이에게 빼앗기고 말았다.
참 운수 없는 날인가 보다.

아침 출근 시간
간단히 요기를 채우려 포장마차에서
따뜻한 어묵 국물에 목을 축이고
떡볶이를 먹다 흰 와이셔츠에
빨간 국물이 튀었다.

퇴근하고 집에 오는 길에
군것질이 생각나 재래시장에
잠시 들러 엿을 먹다 때운 금이빨이 빠져
엿과 함께 삼키고 말았네,
참 모질게 운수 없는 날인가보다.

비 내리는 어느 날 버스정류장 앞에
우두커니 서 있다 무심코 자가용 한 대가 지나치며
바닥에 있는 흙탕물과 함께 빗물이 나를 향해 덮쳤다.

주말이 다가올 무렵
복권을 사러 편의점 들러
천 원짜리 즉석 복권 한 장을 구입하려고 보니
지갑을 깜박 잊고 집에 놓고 나왔다.

잠시 내 뒤에 온 손님도 내가 사려고 했던 복권을
긁어 확인해 보니
천만 원에 당첨이 되었다는 사실이네.
참으로 운수 없는 날인가 보다.

나의 인생이 날개가 있어도 날 수 없는
가냘픈 영혼처럼
지난 아쉬움의 일들을 보냈지만
마음을 비우고 헛된 꿈은 접어야겠다는
생각으로 황금빛 물든 가을 햇살 아래
바람의 꽃길 따라 작은 행복을 빌며
오늘 재수 없는 날이 찾아오지 않기를 바라며…

♣

행복의 내비게이션

봄비 내리는 날,
그리움 속에 내리는 빗방울 눈물이 되어
거센 폭풍 속에 떨고 있을 때
속절없이 내리는 빗물에
꽃들이 고개를 숙이고
갠 날을 고대하는 어린 새싹들도
따뜻한 햇빛이 뜨기를
갈망하는 꽃들의 함성이
어둠을 깨운다.

오래 쌓인 서글펐던 욕심의 마음을
내려놓고 괴로움의 삶을 비우며
바람처럼 살아가리라!

봄날 향기로운 메아리 속에
꽃망울이 폭죽 터지듯
아름다울 꽃을 피우기 위한
소망의 그리움이 눈을 감아야
사랑이 보이는 것처럼
가슴속에 끝이 머무는
황혼 무렵 길을 찾아가는
행복의 내비게이션을 찍는다

남을 존중하고 자신을 낮추는
태도가 겸손이듯 고요 속에 잔잔한 침묵이 때론
마음을 이롭게 한다.

인간은 희로애락 속에 살다가
먼지처럼 사라지는 보잘 것 없는 피조물이지만
삶의 고통 속에서도
행복의 자아를 발견하는 것이 소중한 인생이지.

♣

마법의 사랑 주문

어둠 속에 인간의 존엄이
소멸된 세상
죽음의 벌거벗은 시체가
동태 같은 눈으로 나를 힐긋 바라보듯
잿빛으로 물든 침묵 속에
삶의 바닥을 헤매고 있을 때
바위틈에 피어난
이름 모를 작은 풀꽃이 보랏빛 내음에
미소 짓는 모습으로 날 반긴다.

따뜻한 가을 햇살
아름다운 푸른 꿈을 펼친
희망 속에 붉은 심장을 열어
장미꽃 사랑을 담아
괴로움의 상처만 남긴 추억은 잊은 채
고독의 그늘에 마음을 추스르고
웃음을 잃지 않는 성숙한 그리움의
삶의 은총으로 겹잎처럼 피어난
장미꽃 마음속에 마법 같은
사랑의 주문을 외운다.

무지개 뜨는 행복

눈 속에 까만 발자국을 따라
고독이 덤불처럼 솟아오른
하얗게 털린 가을 햇살에
빛을 외면한 어둠의 터널 속에서
벗어나려 몸부림친다.

슬픔을 걷어 올린 영혼이
아침 안개를 뚫고 피어오른 하얀 꽃잎이
죽어서 땅에 묻힌 그리움은
화석이 되기까지
인생의 초라한 기쁨을 맞는다.

꽃망울 터지는 봄의 소리에
쏟아지는 사색의 그리운 빛으로
발산하는 침묵 속에 뭉게구름처럼
피어오른 무지개 뜨는 행복의 길을 찾아
혀끝에 매달린 불빛 아래
바람의 향기, 그리움의 날개 달고
설렘의 꽃잎마다 사랑이 움튼다.

♣

꽃과 사랑

익숙한 고독이
저 먼 언덕 넘어
내게 달려옵니다.

마음이 흔들리며 방황할 때
그대는 꽃 빛으로 푸른빛 희망 속에
포근히 감싸주었지요.

입가에 미소가 번진
향기로운 봄날,
화창한 맑은 하늘 위에
닫혔던 마음의 문을 열어
은하수 행성의 별들과 함께
아름다운 정원을 꾸미듯
그대는 꽃이라면
난 사랑받는 화분이 되겠습니다.

꼭 안아주고픈 당신의 사랑
그녀가 눈치챘을까?
애달프게 그리워한다는 것을…

♣

이별, 그리움

그리움이 많으면
삶의 의미가 더해져만 가고
소멸하는 시간 속에
좀 더 행복한 시간을 만들자 했는데
한평생 곁에 있을 줄 알았던
아내의 사별이 안타까움에
눈물로 밤을 지샌다.

지난 희로애락 속에 함께 지내왔던
한많은 세상살이 지나간 것들에 대한
아쉬움만 남기고
침묵 속에 밤하늘의 별들만이 날 위로하네.

홀로 밤을 지새우는 외로운 가을 낙엽은
소리 없이 바람에 흩날리고
수면 위에 올라온 그리운 슬픔의 눈물은
꽃잎 향기 속에 묻혀 모진 세월을
함께 보낸 삶의 시간들
아름답게 살자고 다짐했던 행복이
허무하게 사라져 더욱 아쉽기만 하다.

외로움은 고통이 찾아오겠지만
지나간 옛 추억만을 간직한 채 사랑의 그리움 속에
지는 해를 바라보며…

인간이 살아가는 이유는 사랑하기 위한 삶이지.

어둠을 끌어내린 녹슨 영혼이 일몰의 길을 걸으며
사라진 젊음을 한탄하지만
황혼의 하얀 빛을 포기하지 않을 때
한 줄기 작은 희망 빛이 다가온다.

기다림 2

깊숙이 감춰진 붉은빛 사랑
애증의 눈빛으로 바람에
여린 외로운 마음을 건드리고 있네요.

사랑이 그리움 속에 기다림이 깊어지면
원망하는 생각이 들어갑니다.

별들은 모두 잠들고
달빛은 빛을 잃어
세상이 적막에 갇힐 때
외로운 눈물로 밤을 지새우듯
내 마음에 등불마저 어둠이라 말합니다.

고독은 어둠을 밀어내고
새로이 꽃피는 봄날
길가에 핀 접시꽃이 미소로 날 위로하며
사랑의 향기 내 가슴속에 번지네요.

무지개 그려진 마음속에 아름다운 꽃잎이
피어오르고 사랑은 유효기간이 없듯이
행복 속에 손님맞이 하는 꽃피는 봄날의
그대를 향한 간절한 그리움은 진실한 사랑의
기다림이란 것을…

♣

사랑은 거룩한 영혼

태양 빛이 발산하는
뜨거운 열기를 식히기 위해
우거진 소나무 아래 그늘 삼아
빼꼼히 드러내 보이는
그리움의 상처가 아물고 나면
기다림이 시간이 필요하지.

아침이슬 방울 소리가
청명한 음악처럼 들려오는 봄날
꽃잎이 뿜어대는 풋풋한 향기 속에
어둠의 숲을 밝게 깨우듯
오늘도 하늘을 향해 그리운 가슴 풀어 헤치며
새록새록 적시는 봄비가
외롭던 마음을 달래는구나.

따뜻한 햇살 속에 잠시 휴식 취하고
아름다운 자연이 미소로 건넨 인사
뭉그레 피어나는 행복을 맛보며
마음을 비운 채
느릿한 여정이 주는 편안한
기쁨의 시간을 갖는다.

삶의 희망의 '꿈결처럼'.

청춘의 세월

의식 없이 떠돌던
지난 철없이 지내온
청춘의 세월
빛을 잃고 헤매는
어둠의 영혼처럼
포박된 괴로움의
깊은 수렁에 빠진 채

가난에 허덕이는 어리석은
게으른 삶 속에
헛된 꿈만 바라보았지.

덧없는 시간 속에
행운을 바라기보다
무엇이든 해낼 수 있다는
믿음과 용기로 고난을 해쳐나갈 때
인생 또한 고통의 눈물이지만
땀 흘리는 열정 속에 얻은
삶의 행복은 기쁨에 눈물이었다.

♣

이별, 그리움 2

이별은 슬픔이요.
헤어짐은 어둠 속의 절망이듯
감정을 추스르지 못한 채
외로운 눈물이 내 눈을 가리며
어둠 속에 그리움은 더해만 가고
바람의 비집고 들어온 고독함이
밀려오는 미련 속에 아픈 상처
소리 없는 침묵으로 외로움을 삼킨다.

발밑 유리 조각에 박힌
괴로움의 아픔처럼
죽음보다 더한 삶의 고통을
감내하는 것이 운명이라면
모든 무거웠던 마음의 짐을 내려놓으며
투명한 가을 햇살 속에
검은 구름 휘감는 외로움도 노을빛에 묻히듯

이별의 아픔을 견디는 것은
실족된 사랑을 번식시키기 위한
또 다른 그리움의 기다림이란 것을…

우리가 살아가는 괴로움의 상처가 행복을 위한 삶의 열정이듯
사랑은 모든 허물을 덮듯이 철들 때까지 사랑하련다.

바람 같은 삶의 세월,
외로움의 아픔은 가슴 짓누르지만
한 줌의 괴로움이 갈잎처럼 흔들리는 번뇌 속에
고독은 영혼을 세탁하는 또 다른 그리움의 눈물이다.

♣

꽃피는 사랑

혹독한 겨울이 지나
꿈틀거리며 웅덩이를 들썩이게 하는 봄날
모진 추위를 견뎌냈던 꽃씨들이
꽃망울이 새록새록 터지는 순간
꽃들의 반란은 더욱 아름답다.

곰살궂게 비집고 들어올 햇살은
그늘진 허물을 벗기며
청명한 바람이 옷깃을 파고들어
아침 새벽을 깨우듯
봄맞이 길을 여는 꿈꾸는 4월의 봄을 맞는다.

화사하게 핀 목련꽃이 필 무렵
지난 긴긴 밤을 지새우며 사랑을 나누었지.

밤하늘의 별들도 우리의 사랑을 시샘하고
깜빡이던 가로등마저 여린 빛으로,
발걸음 닿는 곳마다 우리를 힐끗 훔쳐보듯
질투했었네.

세월의 시간은 변하지만
에너지를 발산할 수 있는 원동력은
꽃피는 행복 속에 꿈꾸는 사랑이었다.

♣

어머님

꽃다운 나이에 시집와서
고생만 하시던 어머님

얼음장처럼 차가운
겨울 계곡물에
손등에 피멍이 맺히도록
빨래를 하셨지요.

어제 먹다 남은 식은 밥을
말없이 드시고 정작 자식들에게
항상 고깃국에 따뜻한 밥을
올려 주셨던 어머님이 생각납니다.

상처 입은 여윈 손과 주름진 얼굴로
힘이 들고 고통스러울 때도
자식 걱정만 하시던 어머님

따뜻한 숨소리는 달빛 속에 묻혔지만
언제나 어둠의 밤길에도
등불이 되어주시던 어머님

그리움의 햇살이 봄눈 녹듯이 소중한 사랑은
영혼을 울리듯
내 마음 속에 어머님의 얼굴이

꿈에서도 잊히질 않네요.

삶의 무게만큼
부질없는 외로움의 미련을
내려놓으려 합니다.

모든 헌신과 사랑의 열정을 보여주신
어머님의 아름다운 영혼을 간직한 채

의미 있는 인생 속에
사랑하는 법을 배우려 합니다.

오늘도 어머님이 끓여주신
구수한 된장찌개가 그립고 먹고 싶네요.

사랑합니다. 어머님!

♣

아름다운 삶

별빛 속에 잠든 영혼이 깨어나
아름다운 그대 향기 담고 있는 햇살 속에
사랑의 문을 연다.

세월의 꽃 피는 계절
생의 절반은 기다림이요.
또한 절반은 그리움의 사랑이듯
거센 바람에 묻힌 괴로움이
심청이 몸을 던진 인당수 물길 속으로
외로운 사랑의 붉은 노을빛처럼
물들었네.

어느새 세월은 유수같이 흘러
봄이 지나 따뜻한 무더위 속에
옷고름을 풀기 시작한 여름이 다가와
그늘진 나무 밑에 고된 하루, 휴식을 위한
자유를 맛보며 하늘 뭉게 구름
베게 삼아 보랏빛 창공 위를 바라보듯
평화로이 잠이 든다.

내 마음속엔 무지갯빛 사랑으로
수채화 그림처럼 아름답게 펼치고 싶다.

삶에서 사랑을 느끼지 못하고 살아가는 인생은
이미 죽어 있는 어둠 속에 영혼이다.

자신의 성공적인 삶을 위해
사랑의 소중한 가치를 깨달아야 할 것이며
사랑은 하늘이 내려준 고귀한 선물이란 것을…

♣ 외로움

장님처럼 어둠을 더듬고
홀로 갇혀 있는 달빛 속에
사랑의 시간이 멈추었다.

잠들던 별빛도 짝 잃은
외로움의 눈빛으로 어둠을 깨울 때
그리움이 닿는 곳마다
행복의 꽃을 피우길 갈망하듯
별들도 사랑을 그리워하지.

청춘의 아름다운 마음의 꽃들이
군무처럼 피어나 행복한 인생을
꿈꾸며 살아왔지만 희망의 꿈보다
괴로움의 시간들이 많았던 지난날
아쉬움이 미련만 남은 삶이었네.

홀로 걷는 외로움 속에 하늘 향해
별빛 속삭이는 노을빛 강가에 앉아
공허한 마음을 달래주는
달빛에 감긴 옛 추억에
사랑을 그리워하며
쓸쓸한 황혼이 나를 기다리고 있었다.

♣

고독

숲속에는 아직 추위가
가시지 않았나 봐요.

개울 섶에 진 민들레 꽃씨
이른 봄 찾아 따스한 바람이 불어오는
꽃향기 속에 꽃망울 터지는
아름다운 봄이 찾아왔네요.

동백나무꽃들이 빵긋 웃음 짓는 모습이
겨울이 떠나기가 아쉬움에
봄을 시샘하나 봅니다.

안개 속에 사라지는 그리움의 사랑
하늘빛이 점차 회색빛으로 물든 날,
별빛 속에 잠드는 동안 품고 있던
사랑의 꽃망울이
빨간 풍선처럼 부풀고 있듯이
해 질 무렵 그대가 남긴
그리움의 눈물주머니
마음속의 고독을 삭힙니다.

꽃피는 봄날 3

아침이슬이 외로운 마음을 적시며
기나긴 그리움의 세월 속에
사랑 만남이 이루어지는 행복한 순간
설렘의 행복 속 눈물로 번진다.

눈부신 아름다운 봄날에
사랑 나무 심고 열매 맺으니
미소처럼 활짝 웃음꽃이 피어나고
기쁨이 찾아오네.

꽃잎마다 눈시울을 붉히며
꽃향기에 물든 꽃길 따라 거닐 때면
푸른빛 수채화로 수놓듯

아름답게 숲을 이루는 봄꽃들이
내 마음을 황홀케 한다.

새봄이 오면
언제나 그대와 함께
사랑이 꽃피는 봄날처럼
행복의 꽃을 마음속에 항상 피어 있기를…

♣

사랑과 이별

이별은 헤어짐이 아닌
또 다른 추억을 간직함인 것을 알았습니다.

남모를 고통의 세월은
침묵으로 묵묵히 희생해 온
당신이 있었기에 삶이 즐겁고
행복이었네요.

비가 내리면 마냥 하염없이
비를 맞으며 아픈 기억을 잊으려 합니다.

그대 사랑스런 부드러운 눈빛은
나를 설레게 하고 그대 고운 숨결은
어머니의 치마폭처럼 따스한 온기를
내 마음에 품어주었지요.

살아온 세월 잠시 머물다가는
삶의 아쉬움과 그리움을 안고
헤어짐은 슬픔이지만
때론 추억으로 남은 사랑의
행복이었습니다.

이제 모든 것을 잊으려 합니다.
만나고 헤어짐의 사랑 또한

모든 이별의 순간
아쉬움을 뒤로한 채

그대가 남기고 간 빈자리엔
아름다운 사랑의 추억만
남기겠습니다.

♣

부활 2

거센 비바람의 먹구름이 멈추고
하늘의 속살은 꽃처럼
아름다운 영롱한 햇살 아래
어둠 속 잠자던 영혼들이 깨어난
어둡고 그늘진 세상을 황홀한 빛으로
물들게 한다.

주인 없는 하늘 뭉게 구름 위에
걸터앉아 땅 밑에는
시작도 끝도 없이 어지럽게 미로처럼
펼쳐진 도시를 바라보며
쉼 없이 달려온 지난 힘겨운 삶을
지내왔던 시간들
질식된 어둠의 영혼 속에
가슴을 짓눌린 고통을 느낄 때
철장 속에 갇힌 죄수 마냥
부질없는 명예와 물질의 노예가 되어
어리석은 삶을 살아왔네.

삶이란 불행의 시작이요.
소멸하기 위한 끊임없는 절망이거늘
모든 헛된 욕심을 내려놓고
가장 낮고 천한 것일지라도 뜨거운 삶의 열정 속에
다시 태어나려 한다.

꽃은 아름다운 여인처럼 다정한 친구로서 이웃이 되며
마음속에 꽃을 품으면 삶은 행복의 미소로 답하지.

물질의 성공보다
가난한 이웃을 위한 희생과 나눔의 봉사가 있는 사회는
무한한 힘이 존재한다.
사랑은 무엇으로도 살 수 없는 감동.

♣

어둠 속의 사랑

기다림의 외로운 눈물을 흘릴 때
그대 미소는 아름다운 꽃이 되어
내게 다가와 쓰린 상처를 감싸주지.

여울빛의 속삭이는 햇살같이
내 마음을 따뜻하게 품어주고
나의 마음을 토닥여 주니
외롭던 생각이 잊힌다,

삶의 괴로움 속에 주눅 들지 않으려
피어오르는 꽃잎처럼
활짝 핀 별빛 그리움의
어둠의 영혼마저 사랑의 눈을 뜬다.

♣

삶

심장의 혈관이 부풀어 오를 때
뼛속 깊이 사무친 그리움의 한 덩이
붉게 피 흐르고 있었다.

빛을 잃은 눈먼 기억들이 사라진
창백한 암흑 속에 묻힐 뿐

눈꺼풀이 천장 위에 매달려
중력을 견디지 못한 채
결빙되어 있었다.

짓눌린 마음이 거미줄에 갇혀
헤매고 있을 때 천사처럼 내린
구원의 빛이 거미줄을 집어삼키며
굴절된 빛은 어둠의 영혼 속에
훑고 지나가고 지구가 기울면
별과 달은 침묵을 깨우듯

찌든 마음과 탁한 것을 걷어내어
곡예사처럼 살아온 삶의 고통에서
허물어진 낡은 모든 것을 태운다.

♣

축복

예쁜 투명한 유리병에 채운 꽃들이
온 방 안을 향기로 물들게 하고
마음을 밝에 하지.

어머님의 따뜻한 손길로 빚은
밥 냄새 구수한 된장찌개가 그립듯

정이 느껴지는 사랑의 향수
지난 옛 추억을 생각하며
아름다운 삶을 그리워한다.

고독한 나그네 인생
꿈을 그리는 기쁨으로
사랑을 되찾을 때
금은보화를 얻는 것보다 더 큰
행복 속에 축복이란 것을…

♣ 몽환적 기쁨

검푸른 어둠의 불빛
눈물어린 영혼의 눈빛으로
그림자를 밟고 간 험한 길을 따라
빈틈을 뚫고 새어 나온 마음의 고독을
햇살 속에 묻어버리고
아련한 추억을 채집한
좋은 기억들은 내 마음속에 담는다.

달콤한 그리움의 기다림의
닫힌 마음의 문을 사랑의 열쇠로 열어
변함없는 장미꽃 한 다발 그대에게
선물하고 싶다.

삶의 고난 속에서
멍이 든 상처받은 인생

외로움에서 벗어나
가벼운 몸짓으로 하늘과 맞닿은 일몰의
사랑의 빛이 내 마음을 감싸며 꿈과 희망의
날개를 펼쳐 자유로이 날아
아름다운 은하수 별빛 속으로
시간과 공간을 초월한
몽환적 기쁨을 맛본다.

삶은 고통 속에 아픔이었고 사랑은 행복의 눈물이었다.

삶은 고통이지만
달콤한 유혹처럼 다가오는 그리움의 행복 속에 머물고 싶은 공간은
그대 마음속이랍니다.